Frederik Hetmann
Drei Frauen zum Beispiel

Frederik Hetmann

Drei Frauen zum Beispiel

Die Lebensgeschichte der Simone Weil, Isabel Burton und Karoline von Günderrode

BELTZ
& Gelberg

Frederik Hetmann (d.i. Hans-Christian Kirsch) wurde 1934 in Breslau geboren. Er lebt als freier Journalist in Nomborn (Westerwald) und veröffentlichte Romane, Jugend- und Sachbücher, darunter die im Programm Beltz & Gelberg erschienene Geschichte der Rosa Luxemburg und ihrer Zeit, *Rosa L.*, den Bericht *Georg B. oder Büchner lief zweimal von Gießen nach Offenbach und wieder zurück* und die Geschichte einer Liebe, *Bettina und Achim.*
In der Reihe Biographie erschienen außerdem *Schlafe, meine Rose,* die Lebensgeschichte der Elisabeth Langgässer; *So leicht verletzbar unser Herz,* die Lebensgeschichte der Sylvia Plath sowie *Bis ans Ende aller Straßen,* die Lebensgeschichte des Jack Kerouac. Für seine *Amerika-Saga* erhielt er 1965, für sein Buch Ernesto »Che« Guevara, *»Ich habe sieben Leben«,* 1973 den Deutschen Jugendbuchpreis.

Lektorat Cornelia Krutz-Arnold

Quellennachweis der Bilder von Simone Weil: Erstes, zweites und letztes Bild aus: Jacques Cabaud, Simone Weil, Freiburg/München: Verlag Karl Alber 1968; drittes Bild aus: François Heidsieck, Simone Weil, Paris 1965; viertes Bild: Gilbert Kahn, Versailles

3., im Einband veränderte Neuauflage, 12.–17. Tsd., 1990

Programm Beltz & Gelberg, Weinheim

Einband und Reihenlayout von Willi Glasauer
Gesamtherstellung Druckhaus Beltz, 6944 Hemsbach
Printed in Germany
ISBN 3 407 80692 2

Inhalt

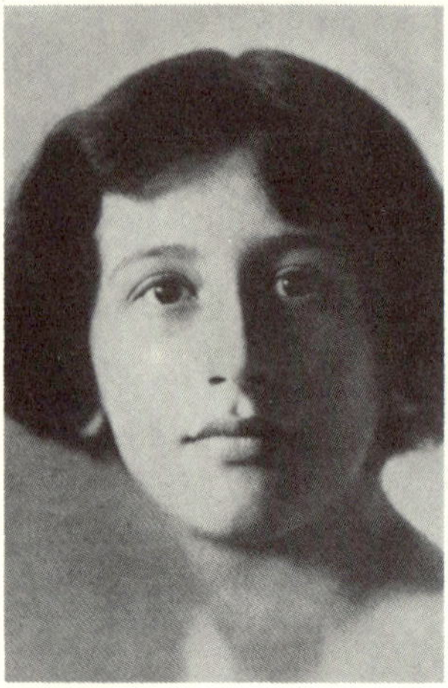

Simone Weil, um 1922

Im Spanischen Bürgerkrieg, 1936

Während des Zweiten Weltkriegs

Isabel Burton

Isabel Burton, 1869

Als Witwe, 1892

Karoline von Günderrode

Georg Friedrich Creuzer

Sophie Mereau

FRANCE COMBATTANTE

LAISSEZ-PASSER

No. 1663 Nom lle Weil

Prenoms Simone

Grade ou Profession Redactrice

Bureau ou Service C.N.I

Londres le 30 Mars 1943

Le Chef du Service de Sécurité

hr Dienstausweis in London

In New York, 1942

Richard Burton, 1863

Richard Burton, 1865

Richard Burton, 1888

Clemens Brentano, 1805

Bettine Brentano

Achim von Arnim, 1804

Geliebt wirst du einzig,
wo du schwach dich zeigen darfst,
ohne Stärke zu provozieren.

Theodor W. Adorno

Eine Frau ohne Mann
ist wie eine Fisch ohne Fahrrad

Neueres Sprichwort

Reklame für Simone W.

Warum?

Warum sollte man nicht einmal für einen Menschen, für seine Art zu leben und zu denken Reklame machen? Jemand, der auf Erkenntnis aus ist, auf Teilhabe an der Wahrheit. Jemand, der nie seine Skepsis ablegt, nie sein Kritikvermögen ausschaltet.
Der Weg der Erkenntnis führt bei dieser Frau zu einem Punkt, da der Zustand von Zeit und Welt als hoffnungslos empfunden wird. Diese Hoffnungslosigkeit, in die sie ihr radikales Denken gestürzt hat, scheint für sie nicht mehr auszuhalten gewesen sein. Es erfolgt ihr Sprung in den Glauben, in die Mystik. Doch bei aller Intensität ihrer religiösen Gefühle gibt sie gewisse Vorbehalte niemals auf.
Glaube – ja. Kirche – nein. Keine Taufe, keine Konversion. Aus verschiedenen Gründen. Letztlich aber wohl vor allem aus diesem: Zweifel und Kritik hätten abdanken müssen. Für sie waren sie ein Teil ihrer Menschlichkeit. Der unabdingbare Teil. Sie schreibt:

Ich gestehe der Kirche kein Recht zu, die Operationen des Verstandes oder der Erleuchtungen der Liebe im Bereich des Denkens zu begrenzen.

Und:

Bisweilen habe ich mir gesagt, ich ließe mich sofort taufen, wäre an den Kirchenpforten angeschlagen, daß für jeden, dessen Einkommen eine bestimmte geringfügige Summe übertrifft, der Zutritt verboten sei.

Sie empörte sich über Geld als Ursache für soziale Ungleichheit, über Kapital und die Gier nach mehr und mehr materiellen Gütern.

Man muß das Geld in Verruf bringen. Es wäre nützlich, daß diejenigen, die höchstes Ansehen oder sogar Macht besitzen, gering entlohnt werden. Die menschlichen Beziehungen müssen der Kategorie nicht meßbarer Dinge zugeordnet sein. Öffentlich soll anerkannt sein, daß ein Bergmann, ein Drucker, ein Minister einander gleich sind.

Sie hielt die Kirchen für korrumpiert durch Macht und Reichtum. Vor allem aber empörte sie sich über deren Möglichkeit, Menschen zu verdammen.
Wenn sie von Kirche spricht, so ist damit die Kirche als einflußreiche Institution gemeint, an deren Stelle jede beliebige andere Institution stehen könnte.
Ihr Selbsthaß, ihre Selbsttäuschungen, die Widersprüche, in die sie sich verstrickte, ihre Verstörtheit, ihre Zerrissenheit sollen nicht verschwiegen werden. Auf nicht wenige ihrer Zeitgenossen wirkte sie komisch, irr. Nicht zuletzt deshalb, weil sie das Übliche, Gewohnte durch ihre Art des Lebens in Frage stellte. Letztlich ist sie immer, auch als Mystikerin, eine Anarchistin gewesen. Somit war sie damals, als sie lebte, vielen ein Ärgernis.
Welch ein Ärgernis wäre sie uns erst heute.
Jene Frau, von der hier die Rede ist, heißt Simone Weil.

Vater, Mutter, Bruder, Erziehung

Geboren am 3. Februar 1909 in einer nicht-orthodoxen jüdischen Familie in Paris. Der Vater, Bernard Weil, ist Arzt. Er stammt aus Straßburg, wo der Name Weil häufig vorkommt. Die Mutter, eine geborene Salome Reinherz, ist in Rostow in der Ukraine zur Welt gekommen und später von dort mit ihren Eltern nach Amsterdam ausgewandert. Simone hat einen um drei Jahre älteren Bruder, André, bei dem früh eine ausgeprägte Begabung für Mathematik zu erkennen ist. Im Haushalt der Weils gibt es keine Puppen, kein Kinderspielzeug.
Der Vater ist ein etwas ängstlicher, überempfindlicher Mann mit einem Hygiene-Tick.

Die Mutter erscheint auf Fotos aus späteren Jahren als der Inbegriff einer jüdischen »mame« voll aufopfernder Fürsorge für die Ihren, realistischer als die Tochter, doch voller Verständnis für deren idealistische Lebenshaltung. Sie taucht immer wieder in Simones Lebensgeschichte in der Rolle eines Schutzengels auf, der die leeren Speisekammern in den Wohnungen der Tochter füllt, die Zimmer aufräumt und ein paar Geldscheine zurückläßt, von denen Simone dann jeweils annimmt, sie habe sie verlegt und nun seien sie zufällig wieder aufgetaucht.

Auch besonders geduldige Mütter und Schutzengel erlauben sich manchmal einen Stoßseufzer. So auch Madame Weil, die während eines Besuches bei ihrer zu diesem Zeitpunkt schon zweiundzwanzigjährigen Tochter schreibt:

Nun bin ich schon acht Tage bei ihr, rackere von morgens bis abends, und es ist mir immer noch nicht gelungen, ihre Sachen in Ordnung zu bringen.

Aber vorerst noch einmal zurück in die Kindheit.

Bei Kriegsausbruch 1914 wird Dr. Bernard Weil, der Vater, zum Militär eingezogen. Es beginnt für die Familie eine Zeit häufiger Umzüge von Garnison zu Garnison. Es ist André, der ihr, noch ehe sie ins schulpflichtige Alter kommt, das Lesen beibringt. Beide Geschwister wetteifern im Auswendiglernen Racinescher Verse. Wer steckenbleibt, erhält vom anderen eine Ohrfeige. Simone hört ihren Bruder mathematische Formeln ab und eignet sie sich dabei auch selbst gleich an. Als die Vierjährige wegen einer Blinddarmoperation ins Krankenhaus kommt, verblüfft sie die Ärzte durch ihren Scharfsinn.

Eine Dame, die in der Straßenbahn eine Unterhaltung zwischen Simone und André anhört, empört sich über die Altklugheit der Geschwister: »Ich steige aus. Das ist ja nicht zu ertragen, man muß ja diese Kinder daheim wie Papageien abrichten!«

Das ist keineswegs der Fall. Kinder sind nun einmal anstrengend. Genialische erst recht.

Gerade weil beide ungewöhnlich begabt sind, sind sie aufeinander bezogen, schließen sich eng aneinander an und gegen andere ab.

Die Eltern sind recht aufgeschlossen, aber auch in dieser Familie erwartet man von einem begabten Jungen selbstverständlich, daß er Wissenschaftler wird.. Von einem wahrscheinlich nicht minder begabten Mädchen erwartet man dies durchaus nicht.
Daß Simone sich schon sehr früh gegen Ungleichheit auflehnte, steht außer Frage, auch wenn sich manche Episoden aus ihrer Kindheit wie Heiligenlegenden alten Stils anhören: Das kleine Mädchen, das beim Umzug nicht eher die Wohnung verlassen will, bis man ihr ein Bündel gegeben hat, das schwerer ist als das des Bruders, oder das äußert, es wäre besser, wenn alle Menschen die gleichen Kleider trügen, billige Kleider.
In manche ihrer Eigenarten, die sich ohne weiteres erklären lassen, ist von etwas schwärmerisch veranlagten Biografen ein tieferer Sinn hineininterpretiert worden. So ist Simones Abneigung, sich tätscheln oder – wie das in Frankreich ja allgemein üblich ist – von Besuchern auf beide Wangen küssen zu lassen, wohl weniger früher Ausdruck eines metaphysischen Bedürfnisses nach Reinheit als die ganz natürliche Reaktion eines kleinen Mädchens, das den Vater ständig einen unerbittlichen Feldzug gegen Bazillen führen sieht.
Als Erwachsene wird Simone erklären, sie sei als Kind vergiftet worden. Tatsache ist, daß die Mutter erkrankt, als die Tochter sechs Monate alt ist und das Kind dann über Jahre hin an Darmerkrankungen gelitten hat. Der behandelnde Arzt soll gesagt haben, das Kind sei nicht lebensfähig.
Um so eifriger wurde es danach gefüttert, was nun dazu führte, daß Simone sich zu essen weigerte, aber nach den Mahlzeiten, zusammen mit ihrem Bruder, an den Türen von Nachbarn klingelte, um dort um etwas zu essen zu bitten.
Es kommt auch vor, daß Simone sich im Winter weigert, Socken anzuziehen, aber dann auf der Straße, wenn sie vor Kälte zu zittern anfängt, der Mutter Vorwürfe macht, sie nicht dazu gezwungen zu haben.
Die Verweigerung der Nahrungsaufnahme, der Drang, sich körperlichen Strapazen auszusetzen – Eigenarten, die sich in Simones Leben auch später immer wieder beobachten lassen –, dürfen nicht als ›heilig‹ und altruistisch hingestellt werden, wie das

in einigen Biografien bisher geschehen ist. Sie sind vielmehr Gesten des Protests, Versuche, Aufmerksamkeit zu erzwingen, die dem Mädchen in der Familie und von der Umwelt her in geringerem Maße zuteil wird als dem hochbegabten älteren Bruder, der auch von ihr bewundert wird.

Goldmarie und Pechmarie

Simone W. hat zeit ihres Lebens eine ausgeprägte Vorliebe für Märchen gehabt. Die Diktion vieler ihrer literarischen Arbeiten ist von der Sprache des Märchens geprägt. Simone hat die klare Unterscheidung des Märchens zwischen Gut und Böse geliebt und auf deren Notwendigkeit für die Gewissensbildung des Kindes hingewiesen. Sie hat davon gesprochen, daß Märchen genauer, gerechter und wahrer seien als das Denken. Ihr Lieblingsmärchen war das von Frau Holle. Die Geschichte von Goldmarie und von Pechmarie, so lautet ein Selbstzeugnis, habe ihrem Charakter die Richtung gegeben.
Wagen wir eine Interpretation: Im Märchen von Frau Holle ist jene der beiden Schwestern, die zur Goldmarie wird, eben jene, die wagt, die vormacht, die springt, die Risiko eingeht, die auf den Anruf der Dinge antwortet, die sich, entgegen der einer Frau ihrer Gesellschaftsschicht zugedachten Rolle, zur Arbeit nicht zu schade ist. So betrachtet, erweist sich die Gestalt als Wunschbild davon, wie Simone W. sein wollte, als Ideal, auf das hin sie sich orientierte.

Die Krise

Eigentlich sind es zwei Krisen, die Simone nun durchmacht. Eine seelisch-geistige und eine körperliche, aber gewiß hängen beide miteinander zusammen, und gewiß haben beide mit der Pubertät zu tun, mit der Tatsache, daß sich Simone ihres Geschlechts entschieden bewußt wird, daß nun endgültig ein Trennungsstrich zur Welt des geliebten, bewunderten, aber wohl im stillen auch beneideten Bruders gezogen wird. Simone selbst fragt nicht nach den Ursachen der Krise. Sie berichtet lediglich:

Mit vierzehn Jahren verfiel ich einer jener grundlosen Verzweiflungen des Jugendalters, und ich wünschte ernstlich zu sterben wegen der Mittelmäßigkeit meiner natürlichen Fähigkeiten.

Die körperliche Krise ist dem vorausgegangen: jene Anfälle von Migräne, Neuralgien und Kopfschmerzen, die 1922 einsetzen, kurz ehe der Bruder André in die Ecole Normale Supérieure aufgenommen wird.
Es ist die Zeit, zu der französische Truppen das Ruhrgebiet besetzen, weil Deutschland mit seinen Reparationszahlungen im Rückstand ist, die Zeit des Novemberputsches von Hitler und Ludendorff in München.

Seit meinem zwölften Jahr bin ich heimgesucht von einem Schmerz, der um den Mittelpunkt des Nervensystems angesiedelt ist, an dem Punkt, wo Seele und Leib verbunden sind; er dauert auch im Schlaf fort und hört niemals eine Sekunde auf.

Diese Kopfschmerzen bewirken bei ihr den Wunsch,

jemand anderen genau auf die gleiche Stelle zu schlagen oder verletzende Worte zu sagen. Das heißt, der Schwerkraft gehorchen. Die größte Sünde. Man verdirbt dadurch die Funktion der Sprache, die darin besteht, die sachlichen Verhältnisse der Dinge auszudrücken.

Das Erstaunliche sind nicht so sehr die hier aufgedeckten Zusammenhänge. Freilich müssen solche Schmerzen zu Aggressionen führen. Das Erstaunliche ist die Fähigkeit zu so rigoroser Selbstanalyse.

Schülerin, Studentin

Mit fünfzehn legt Simone W. den ersten Teil ihrer Bakkalaureatsprüfung in Griechisch und Latein ab. Für den zweiten Teil des Examens muß sie zwischen Mathematik und Philosophie wählen.

Sie läßt eine Münze entscheiden. Das Orakel sagt Philosophie. Nach erfolgreichem Abschluß des zweiten Prüfungsteils geht sie im Oktober 1925 an das Lycée Henri IV. in Paris. Dort lehrt Emile Chartier, genannt Alain, einer der bedeutendsten Moralisten der Gegenwart. Dieser Mann, der einem auf Photographien wie ein weises Walroß vorkommt, hat viele französische Gymnasiallehrer, Wissenschaftler und Intellektuelle dieser Generation entscheidend beeinflußt. In seiner Philosophie versucht er die Religion der Griechen mit dem Christentum zu versöhnen.
Wichtiger als sein System wird für Simone der Stil seines Denkens, die Tatsache, daß er sie zum Schreiben ermuntert und einen ihrer Aufsätze in seiner Zeitschrift *Libres Propos* abdruckt.
Was lernt Simone bei Alain?
»Das menschliche Paradoxon«, sagte er seinen Schülern, »besteht darin, daß alles schon gesagt ist und nicht begriffen wurde.« Denken heißt: wieder und wieder das gleiche wiederholen. Denken heißt nicht glauben: es bedeutet, jedesmal das zu Denkende neu zu erobern – zunächst der Zweifel, dann die Übernahme. Denken bedeutet Verstehen, und der Bemühung um Verständnis ist kein Ende.
Alain sagt ihr auch: »Philosophieren heißt ... das Klare durch das Unklare erklären.«
Von ihm lernt sie Disziplin des Ausdrucks, der Sprache. Sie hört ihn sagen, daß Macht immer von jenen, die sie besitzen, mißbraucht zu werden pflegt. Daß in dieser Zeit vor allem Vorsicht und Mißtrauen gegen Macht angebracht ist.

Die Freiheit ist kein äußeres Gut. Jeder muß sie sich selbst und für sich selbst erobern. Auf diese Weise wird er am besten für andere arbeiten können.

Alain lehrt auch den Lob des Zweifels, das Recht, ja die Pflicht, alles und jedes kritisch zu befragen und erklärt seinen Schülern:

Die Politik ist eine verdrießliche und häßliche Sache, mit der man sich gleichwohl befassen muß, wie mit so vielen anderen verdrießlichen, mittelmäßigen und häßlichen Sachen.

Auch als sie 1928 an die Ecole Normale überwechselt, behält sie Alain als Philosophielehrer. Zu dieser Zeit wird Simone de Beauvoir auf sie aufmerksam. In ihren Memoiren schreibt sie:

Sie interessierte mich wegen des großen Rufes der Gescheitheit, den sie genoß, und wegen ihrer bizarren Aufmachung; auf dem Hof der Sorbonne zog sie immer, von einer Schar alter Alain-Schüler umgeben, umher, in der Tasche ihres Kittels trug sie stets eine Nummer der *Libres Propos*, in der anderen ein Exemplar der *Humanité*.

Ihre äußere Erscheinung: Eine zierliche Gestalt, nur 1,59 m groß, häufig in eine düstere Pelerine gehüllt.
Nicht alle Urteile der Menschen, die ihr zu jener Zeit begegnen, fallen positiv aus. Eine Mitschülerin erinnert sich:

Sie zeigte völligen Nonkonformismus in Fragen der Mode und Extremismus in solchen der Politik, was bei ihrer Jugend etwas Affektiertes hatte.

Und ein Klassenkamerad: »Ich habe Simone W. gekannt auf dem Henri IV, sie war ungenießbar.«

Mit flachen Kinderschuhen und dem ungeschickten Gang eines kleinen Mädchens kam sie in die Cafés, um zu diskutieren; lebhaft ihre Blicke und Bewegungen, aber betont langsam, ja eintönig die Sprechweise, fast wie mit ausländischem Akzent, zumal sie die im Französischen stummen h fast alle aussprach: »wie Predigten einer Heilsarmee-Schwester.«

1926/27 hat sie, statt zu lernen, ständig rauchend und diskutierend in Cafés herumgesessen. Sie fällt in Geschichte durch und muß ein Jahr auf dem Lycée wiederholen. Während sie die Ecole Normale Supérieure erreicht, promoviert ihr Bruder, der einige Semester in Rom und dann in Göttingen verbracht hat. Die Familie Weil wohnt jetzt in der Rue Auguste Comte 3, gegenüber dem Jardin du Luxembourg.
In der Ecole Normale schreibt Simone W. in der Klasse Alains

einen Aufsatz: Alexander der Große zieht mit seinen Truppen durch die Wüste. Es ist nicht mehr genügend Wasser vorhanden, um allen etwas zu trinken zu geben. Alexander lehnt es ab, sich von den noch vorhandenen Vorräten etwas geben zu lassen. »Denn«, so kommentiert Simone, »es war ihm unerträglich, derart sich durch einen Genuß von seinen Männern zu unterscheiden, von ihnen abgeschnitten zu sein.«
Auf der Ecole Normale Supérieure gibt es außer ihr nur noch drei Mädchen. Von ihnen versucht sie sich deutlich abzusetzen. Sie raucht demonstrativ und viel. Sie liest Marx, verkehrt mit Anarchisten und Gewerkschaftlern. Das alles verträgt sich durchaus mit den Lehren Alains, bei dem sie liest: »Von zwei Menschen ohne Gotteserfahrung ist der, welcher ihn leugnet, ihm vielleicht am nächsten.«
In der Berührung mit der Moralphilosophie Alains, mit Anarcho-Syndikalisten und mit dem Marxismus bildet sich ihr Bewußtsein. Daß Simone eine sorgfältige und umfassende Ausbildung in Philosophie erhalten hat, wird man, um ihren Sprung in den Glauben, in die Mystik beurteilen zu können, mitbedenken müssen. Sie ist jemand, der sehr wohl weiß, was in der Geschichte der europäischen Philosophie über Religion und Glauben gedacht worden ist. Das beweist ein Satz wie der folgende, der allerdings aus einer späteren Zeit ihres Lebens stammt:

Soweit die Religion ein Quell des Trostes ist, ist sie ein Hindernis für den wahren Glauben... Ich soll Atheist sein mit dem Teil meiner selbst, der nicht für Gott gemacht ist.

In Gesprächen mit ihrem Bruder, der 1930 einen Lehrauftrag an einer indischen Universität annimmt, entwickelt sich ihre kritische Haltung gegenüber dem bestehenden Bildungswesen. André hat die Sorbonne ein unförmiges Haupt, die französischen Provinzuniversitäten die blutleeren Glieder genannt. Simone kritisiert, daß sich Bildung in einem erstickenden Dunstkreis der Abgeschlossenheit vollzieht, daß sie in ihren Höhen, aber auch bis in die Niederungen zu einer Sache der Spezialisten geworden ist. Später wird sie noch pointierter schreiben:

Bildung ist ein Werkzeug in der Hand von Professoren zur Erzeugung von Professoren, die ihrerseits wieder Professoren erzeugen. Von allen gegenwärtigen Formen, unter denen die Krankheit der Entwurzelung auftritt, gehört die Entwurzelung der Bildung zu den besorgniserregendsten.

Simones Versuche, sich aus ihrer intellektuellen Isolierung zu befreien, muten zunächst fast rührend an. 1930 tritt sie beispielsweise dem Sportklub »Femina« bei und beginnt, Rugby zu spielen. Eine Erkältung, die sie sich bei einem der Spiele im Winter zuzieht, verschlimmert das Kopfweh. Erst nach Jahren stellt sich heraus, daß sie inzwischen unter einer chronischen Stirnhöhlenentzündung leidet.
Zusammen mit Sartre, Romain Rolland und anderen protestiert sie mit einem Aufsatz in Alains Zeitschrift dagegen, daß für die männlichen Schüler der Ecole Normale Supérieure die Offizierslaufbahn obligatorisch ist.
Sie unterrichtet an einer Art Volkshochschule für Eisenbahnarbeiter, die – auch Frankreich ist von der Weltwirtschaftskrise betroffen – arbeitslos geworden sind und nun in Büroberufe vermittelt und dafür umgeschult werden sollen.
Im Juli 1931 besteht sie die strenge Staatsprüfung für das höhere Lehramt. In ihrer Beurteilung heißt es:

Glänzende Begabung, offenbar sehr bewandert, nicht nur in Philosophie, auch in Literatur und zeitgenössischer Kunst. Urteilt manchmal vorschnell, ohne Einwände und Schwierigkeiten hinreichend zu berücksichtigen.

Ganz bewußt – ihr politisch-soziales Engagement in Paris hat Aufsehen und Mißfallen erregt und dazu geführt, daß der Direktor der Ecole Normale Supérieure ihr den Spitznamen ›vierge rouge‹ (rote Jungfrau) gegeben hat – schickt man sie als Gymnasiallehrerin in die tiefste Provinz, in eine Kleinstadt, nach Le Puy im Department Haute Loire. Ehe sie diese erste Stelle antritt, macht sie Ferien an der normannischen Küste und besteht dort darauf, die Arbeit der Fischer nicht nur kennenzulernen, sondern dabei auch selbst mit Hand anzulegen.

Ihre Art zu leben wird bald zum Skandal. Nicht nur daß sie, als Gymnasiallehrerin in der Kleinstadt eine Respektsperson, mit Arbeitern und Arbeitslosen fraternisiert, nicht nur, daß man sie in den Proletarierkneipen sitzen sieht, sie beteiligt sich an den Protestdemonstrationen der Linken in Le Puy. Sie besteht darauf, die Lebensbedingungen der Bergleute in dieser Gegend kennenzulernen. Sie nimmt mit der Gewerkschaft der Bergleute, Maurer und Eisenbahner im benachbarten Saint-Etienne Kontakt auf.

Ihre Vorstellungen von den Aufgaben eines Lehrers, von dem, was für Kinder und Jugendliche wichtig sei und was nicht, müssen auf die Vertreter des etablierten Schulsystems als Provokation gewirkt haben. Oberster Wert ihrer Pädagogik ist es, den Schüler Aufmerksamkeit lernen zu lassen. Gelinge ihm das, dann könne er sich damit vieles auch selbst erschließen. Aufmerksamkeit als Kategorie ist ihr auch als die Voraussetzung für Kritikvermögen und selbständiges Urteilen wichtig.

Natürlich meint Aufmerksamkeit in diesem Sinn nicht sture Disziplin, nicht Stillsitzen und Geradeausschauen. Es ist im philosophischen Sinn aufzufassen. Es bedeutet die Eigenschaft, selbständig sich seiner kognitiven Fähigkeiten zu bedienen, ja diese überhaupt erst einmal für sich zu entdecken. Es bedeutet das Gegenteil von mechanischem Lernen, von sturer Paukerei, es bedeutet Problembewußtsein, Abstand nehmen, Distanzierung, um so den Punkt zu finden, wo man den Hebel ansetzen muß. Es bedeutet ziemlich genau das, was wir heute mit dem Stichwort »das Lernen lernen« umschreiben.

Einmal kommt der Schulrat zur Inspektion und prophezeit ihr, sie werde mit ihrer Methode absoluten Schiffbruch erleiden: »Was Sie da vortragen, mag ja ganz gelehrt sein, aber die meisten Schülerinnen werden die Schlußprüfung nicht bestehen.«

Ihm antwortet sie: »Monsieur l'inspecteur, das ist mir ziemlich gleichgültig.«

Prüfungen bedingen Mechanik. Es widerstrebt ihr, den Jugendlichen Stoffmassen einzutrichtern, vielmehr wird ein Thema, wie sie das bei Alain gelernt hat, unter verschiedenen Aspekten betrachtet: sozial, philosophisch, realpolitisch. Für diese Zeit und bei den starr ausgerichteten Lehrplänen ist eine solche Methodik sensationell.

Im Philosophieunterricht liest sie mit ihrer Klasse mit derselben Selbstverständlichkeit Marx wie Descartes. Besonders ein Zitat aus dem Kommunistischen Manifest, das sie mit ihren Schülern ausführlich diskutiert, beschäftigt die Klatschmäuler der Kleinstadt. Die Familie, soll es da geheißen haben, sei vom Gesetz gebilligte Prostitution.

Auf eine Verwarnung durch ihren unmittelbaren Vorgesetzten antwortet Simone: »Herr Rektor, ich habe stets meine Entlassung als den angemessenen Höhepunkt meiner Karriere betrachtet.«

Bei ihren Schülern ist sie beliebt. Sie nennen sie »la Simone« oder »la mère W.« Bei den ersten Angriffen treten immerhin auch noch einige Eltern für sie ein, weil sie spüren: hier ist jemand, der seinen Beruf nicht nur mechanisch abwickelt, sondern ernst nimmt, der zwar hohe Ansprüche stellt, aber auch ein glänzender Pädagoge ist – nur keiner, wie ihn das System schätzt und verlangt.

Sie ist entschieden gegen eine Begabtenauslese und fordert mit Nachdruck eine Verlängerung der Schulpflicht bis zum 18. Lebensjahr. Sie setzt sich leidenschaftlich für die Teilhabe der Arbeiter an der menschlichen Kultur, an den Werken der Kunst und der Philosophie ein. Ihr Einsatz ist nicht nur theoretisch. In der Kleinstadt klatscht man voll Empörung darüber, daß sie als Gymnasiallehrerin in einer Rollkutscherkneipe verkehrt, dort Rotwein trinkt, mit den Männern Karten spielt. Bis nach Paris dringt die Kunde, sie lege an jedem Ersten ihr Gehalt auf den Tisch und jeder könne sich bedienen. Sie habe unter Schienenarbeitern auf der Strecke gearbeitet und einer Abordnung von Arbeitslosen geholfen, auf dem Rathaus ihre Ansprüche zu vertreten.

Es dauert nicht lange, da wird sie von der Schulbehörde in Clermont-Ferrand vorgeladen und verwarnt. Anfang 1932 erscheint in der Zeitschrift der Lehrergewerkschaft ein Artikel von ihr. Er trägt die Überschrift *Fortbestehen des Kastenwesens.* Sie schreibt da:

Die Universitätsverwaltung ist um einige tausend Jahre hinter der menschlichen Zivilisation zurückgeblieben. Sie ist noch beim Kastensystem. Für sie gibt es Unberührbarkeit ganz wie bei der rückständigen Bevölkerung Indiens.
Es gibt Leute, die ein Gynmnasiallehrer notfalls noch in der Verborgenheit eines gut verschlossenen Saales treffen kann, denen er aber auf gar keinen Fall auf der Place Michelet die Hand schütteln darf, wenn Eltern und Schüler es sehen könnten.

Es sind die Unorthodoxen der französischen Linken, mit denen Simone in den Gewerkschaften in Berührung gerät: die Anarcho-Syndikalisten um Pierre Monatte, die die Zeitschrift *Revolution prolétarienne* herausgeben, in der an die proudhonistische Tradition der französischen Gewerkschaften vor dem I. Weltkrieg angeknüpft wird.
Schon früh wird in diesen Kreisen die Entwicklung in der Sowjetunion kritisiert. Albertine Thévenon, die Frau eines Gewerkschaftlers in Saint-Etienne, die Simone W. gut gekannt hat, schreibt dazu:

Die Russische Revolution, ursprünglich Künderin einer ungeheueren Hoffnung, war vom Ziel abgewichen. Die Proletarier wurden von der Bürokratie, einer neuen Privilegiertenkaste, niedergehalten, die bewußt Industrialisierung und Sozialismus einander gleichsetzte.

Simone empfand zuviel Liebe und Achtung für den einzelnen, um den Stalinismus akzeptieren zu können, den sie 1933 mit den Worten kennzeichnete:

Tatsächlich ähnelt dieses Regime dem, das Lenin zu errichten glaubte, insofern es das kapitalistische Eigentum fast vollständig ausschließt, im übrigen ist es das genaue Gegenteil.

Mit Thévenon, dem stellvertretenden Sekretär des Gewerkschaftsbundes des Loire-Departements und mit dem C.G.T.-Sekretär Pierre Arnaud, der gerade aus der Kommunistischen Partei ausgeschlossen worden ist, lernt Simone zwei Männer kennen, die in Sprache, Umgangsformen, Kleidung und Klassenbewußtsein kampferprobte Proletarier sind. Aber hier tut sich auch gleich eine Kluft auf:

Simone suchte sich ihnen anzuschließen. Es war nicht leicht. Sie verkehrte mit ihnen. Sie setzte sich zu ihnen an den Tisch in einer Kneipe, um mit ihnen zu essen oder Karten zu spielen, sie ging mit ihnen ins Kino, auf Volksfeste und bat, sie in ihren Wohnungen besuchen zu dürfen, ohne daß vorher die Ehefrauen verständigt würden. Sie waren ein wenig überrascht von dem Verhalten dieses überaus gebildeten jungen Mädchens, das sich einfacher als ihre Frauen kleidete und dessen Interessen ihnen ungewöhnlich schienen.

Einer dieser Arbeiter urteilt rückblickend: »Sie konnte nicht leben, sie war zu gebildet und sie aß nichts.«
Die Klasse, in die man hineingeboren ist, kann man nicht so ohne weiteres verlassen. Simone merkt, daß sie so etwas wie ein Zaungast bleibt, daß ihrem Umgang mit den Arbeitern etwas Künstliches anhaftet, wie sehr sie sich auch bemüht, so zu sein wie sie.
Was sie versucht, ist mehr als nur ein Flirt mit dem Proletariat. Es hat Radikalität. Das hört man aus Jean Paul Sartres Bericht über die junge Philosophielehrerin aus Le Puy heraus:

...sie lebte in einem elenden Hotel und legte auf den Kamin das Geld, das sie besaß; die Tür blieb offen; wer wollte, konnte es nehmen: das ist besser. Der Wohltäter tauscht eine Aktie gegen eine gute Tat... die Generosität ist die hauptsächliche Tugend des Besitzenden. Simone W. wollte keine Tugend erwerben, nicht einmal einen Verdienst: sie gab nichts, da sie sich nicht vorstellte, das Geld gehöre ihr... diesbezüglich rede man nicht von ›Entsagung‹ oder ›Heiligkeit‹. Simone W. dachte ganz einfach nicht, daß das Geld ihr gehöre, weil sie das gegenwärtige System der Arbeitsentlohnung als absurd ansah.

Interessant ist, wie Simone de Beauvoir, damals durchaus auch schon eine sich bewußt emanzipierende Frau, auf die Berichte, die vom Leben der ›roten Lehrerin‹ zu ihr dringen, reagiert:

Ihre Intelligenz, ihr Asketentum, ihr Extremismus flößten mir Bewunderung ein; ich wußte, umgekehrt würde es nicht so sein, hätte sie mich gekannt. Ich konnte sie nicht für mein Universum annektieren und fühlte mich vage bedroht. Wir lebten jedoch so weit voneinander entfernt, daß ich mir keine zu großen Sorgen machte. Ich ließ mich trotzdem nicht verleiten, meine Vorsicht aufzugeben: ich wollte nicht wahrhaben, daß auch andere genau wie ich Subjekt, Bewußtsein sein könnten. Ich wollte mich nicht in sie hineindenken: deshalb flüchtete ich auch gern in die Ironie. Öfter als einmal verleitete dieses leichtfertige Vorurteil mich zu Härte, Feindseligkeit und Irrtümern.

Simone W. war ein Mensch, der mit einer geradezu rücksichtslosen und für andere bestürzenden Intensität sich mit den zentralen Fragen unserer modernen Existenz auseinandersetzen wollte. Bezeichnend ist in diesem Zusammenhang ihr Satz: »Man muß über ewige Dinge schreiben, um mit Sicherheit aktuell zu sein.« Man muß die Fahrten der jungen Studienrätin aus Le Puy nach Saint-Etienne und zu anderen Orten, an denen sie sich mit Gewerkschaftsmitgliedern und Arbeitern traf, auch als den Versuch verstehen, die Trennungswand zwischen Theorie und Praxis, zwischen der Gruppe der Hand- und Kopfarbeiter, zwischen der Klasse der Bourgeoisie und der des Proletariats zu durchbrechen.

Sie arbeitet an einem Arbeiterbildungszirkel in Saint-Etienne mit. Sie hilft mit, ihn in Gang zu halten, indem sie einen Teil ihres Gehaltes, das sie als ein ihr schon fast unerträgliches Privileg ansah, zum Ankauf von Büchern verwendet. Sie unterstützt die Solidaritätskasse der Bergarbeiter, denn sie hatte beschlossen, von fünf Francs täglich zu leben, jene Summe, die ein Arbeitsloser in Le Puy bekommt.

Albertine Thévenon schreibt:

Was sowohl ihrer Intelligenz als auch ihrer Sensibilität, zwei etwa gleichrangige Vermögen ihres Wesens, als entscheidend erschien, war die intime Kenntnis der Beziehung zwischen Arbeit und Arbeitern. Sie dachte, es sei unmöglich, dieses Wissen zu erwerben, ohne selbst Arbeiter zu werden.

Aber Albertine schreibt auch:

Ich meinte und meine noch heute, daß die elementaren Reaktionen einer Arbeiterin anders sind als die einer promovierten Philosophin bürgerlicher Herkunft.

Simone konnte sich nicht damit abfinden, »eine in der Arbeiterklasse nur herumreisende Studienrätin« zu sein. Sie lebte auf das Ziel hin, ganz dazuzugehören. Das wird sie trotz leidenschaftlicher Anstrengungen nie ganz erreichen.

Besuch in Deutschland

Im August und September 1932 reist Simone W. während der Schulferien nach Berlin. Ergebnis dieses Auslandsaufenthaltes sind eine Anzahl von Artikeln, die teils in der Zeitschrift *Revolution prolétarienne*, teils in Alains *Libres Propos*, aber auch in der Zeitschrift der Lehrergewerkschaft erscheinen. Sie enthalten scharfsinnige und desillusionierende Analysen der politischen Lage am Vorabend der Machtergreifung durch Hitler.
Simone verstand diese Reise als politische Erkundungsfahrt. Sie will wissen, wie der politische Alltag in der Hauptstadt Deutschlands aussieht, wie die Arbeiter leben, was sie denken, für welche politischen Gruppen sie bereit sind sich zu engagieren. Sie ist sich darüber im klaren, daß eine Machtübernahme durch Hitler und die Nationalsozialisten nicht nur für Deutschland selbst, sondern für ganz Europa grundsätzliche Bedeutung haben wird.
Simone geht von der Frage aus, die Trotzki angesichts der Weltwirtschaftskrise Anfang 1932 gestellt hatte: Wird diese Krise der kapitalistischen Wirtschaft und der bürgerlichen Gesellschaft zum Faschismus führen oder zur Weltrevolution? Dazu schreibt sie:

Die jetzige Etappe des kapitalistischen Regimes – die meisten Untersuchungen der bürgerlichen Ökonomen führen zu diesem Schluß – ist weder mit dem wirtschaftlichen Liberalismus noch folglich mit der bürgerlichen Demokratie vereinbar. Wirtschaft und Staat müssen durch Arbeiter für die Arbeiter gelenkt werden oder durch den Bank- und Monopolkapitalismus gegen die Arbeiter. Die Krise stellt die Frage auf verschärfte Weise. Die normalen polizeilichen Mittel reichen nicht mehr aus, um die kapitalistische Gesellschaft im Gleichgewicht zu halten. Das ist die Stunde der faschistischen Taktik.

Mit anderen Worten: die herrschende Klasse einer spätkapitalistischen Gesellschaft benutzt den Faschismus als Mittel zur Aufrechterhaltung der überkommenen Gesellschaftsordnung. Wird ihr das gelingen, kann ihr das gelingen oder wird die Revolution des Proletariats kommen?

Solche Sätze, eine solche Fragestellung verraten eine Denkweise, die an der marxistischen Geschichtsphilosophie orientiert ist. Aber Marxismus ist für Simone W. ein Werkzeug für das Verständnis der Wirklichkeit, nicht absolutes Dogma.

In Berlin wird sie zum erstenmal auf die Totalität des Politischen aufmerksam, auf die damals gerade für Intellektuelle nicht selbstverständliche Erfahrung, daß politische Ereignisse alle Lebensbereiche durchdringen:

Die Revolutionäre lehren seit langer Zeit, das Individuum sei eng und in seiner Gesamtheit mit der Gesellschaft verbunden, die selbst wesentlich durch ökonomische Bedingungen konstituiert werde. Aber in einer normalen Periode ist das nur eine Theorie. In Deutschland ist diese Abhängigkeit ein Fakt, gegen das sich jeder unablässig mehr oder weniger heftig, doch stets schmerzhaft stößt.

Ihr soziales Beobachtungsvermögen ist erstaunlich. Sehr anschaulich schildert sie die lähmende, die Betroffenen in Lethargie stürzenden Auswirkungen der Arbeitslosigkeit:

In Deutschland verdienen ehemalige Ingenieure eine kalte Mahlzeit pro Tag durch Vermieten von Stühlen in öffentlichen Parks; Greise mit steifem Kragen und Melone betteln an den U-Bahn-Ausgängen oder singen mit gebrochener Stimme auf der Straße. Studenten verlassen die Universität, um Erdnüsse, Streichhölzer, Schuhriemen zu verkaufen; bisher glücklichere Kommilitonen, zumeist ohne Aussicht auf eine Stelle am Ende des Studiums, wissen, daß es ihnen von einem auf den anderen Tag genauso ergehen kann. Die Bauern sind durch niedrige Preise und Steuern zugrunde gerichtet. Die Betriebsarbeiter empfangen einen unsicheren und elend herabgedrückten Lohn. Jeder erwartet, eines Tages in jenen erzwungenen Müßiggang geworfen zu werden, der das Schicksal von fast der Hälfte der deutschen Arbeiterklasse ist. Mit anderen Worten: in das ermüdende und erniedrigende Hin- und Herlaufen von einer Behörde zur anderen, um zu stempeln und eine Unterstützung zu erhalten. Die Unterstützung ist nach dem vor der Entlassung empfangenen Lohn berechnet und nimmt vom Beginn des Ausscheidens aus der Produktion immer mehr ab, bis sie beinahe den Nullpunkt erreicht.

Ein Arbeitsloser oder eine Arbeitslose, die bei dem beschäftigten Vater, der Mutter oder dem Ehegatten wohnen, erhält nichts. Ein Arbeitsloser unter zwanzig Jahren erhält nichts. Die vollständige Abhängigkeit des Erwerbslosen, der nicht anders als auf Kosten der Seinen leben kann, verbittert alle Familienbeziehungen.

Oft vertreibt diese Abhängigkeit, wenn sie durch Vorwürfe seitens unverständiger und von der Not vergrämter Eltern unerträglich wird, die jungen Arbeitslosen aus der elterlichen Wohnung, um zu vagabundieren, zu betteln, manchmal sich zu töten. Eine eigene Familie gründen, heiraten, Kinder haben: daran können die meisten jungen Deutschen noch nicht einmal denken...

Bedeutet das nun, daß in Deutschland alles auf die Revolution des Proletariats hintreibt?

Seltsamerweise nicht.

Die Tatsache, daß so viele nichts zu verlieren haben, begünstigt, so Simones Urteil, eben nicht die Chance einer Revolution von links. Vielmehr stellt sie fest: »Die Arbeitslosen gewöhnen sich an ihr Schicksal. Die Arbeiter fürchten, zu den outcasts gestoßen zu werden.«

Daß dem so ist, hat mit der Situation und der Taktik der drei wichtigsten politischen Parteien, der SPD, KPD und der NSDAP zu tun. Simone W. sieht die NSDAP als eine Art Marionette, als Handlanger der herrschenden kapitalistischen Klasse. Das sei der Mehrzahl ihrer Anhänger sogar bewußt:

...sie rechnen auf diese Kraft, um ihre eigene Schwäche zu kompensieren und, ohne zu wissen, wie das geschehen soll, um ihre wirren (kleinbürgerlichen) Träume zu verwirklichen.

Gegen die so an Anhängerschaft und Macht gewinnende faschistische Bewegung könne nur ein Bündnis aller Gruppen des Proletariats helfen. In Wirklichkeit aber herrscht im proletarischen Lager Streit und Zerrissenheit:

Mein bisheriger Eindruck läßt mich sagen, daß die deutschen Arbeiter* keineswegs kapitulieren wollen, aber daß sie zu kämpfen unfähig sind. Kommunisten und Sozialdemokraten beschuldigen sich gegenseitig (und sehr zu Recht), daß die jeweils andere Partei kein Vertrauen verdient.

Aber warum ist das so?
Als Antwort verweist Simone auf die historische Entwicklung der deutschen Sozialdemokratie und führt auf, wie die Deutsche Kommunistische Partei letztlich nur Befehlen aus Moskau gehorcht. Sie räumt ein, daß die Sozialdemokraten durchaus gewisse Verdienste hätten, indem ihre Politik auf konkrete Veränderungen zugunsten des Arbeiters abgezielt habe. Diese Politik, die sich mit dem Stichwort ›Reformismus‹ charakterisieren lasse,

hat die deutschen Arbeiter zwar nicht von ihren Ketten befreit, aber sie hat ihnen kostbare Güter verschafft: ein wenig Wohlstand, ein wenig Freiheit, Bildungsmöglichkeiten. Doch die deutschen Gewerkschaften haben sich nicht allein den Bedingungen des Regimes angepaßt. Sie sind dem Regime (der Gesellschaftsordnung der Weimarer Republik) selbst durch Fesseln verbunden, die sie nicht sprengen können.

Die Gewerkschaften, so kritisiert Simone W., seien mit »goldenen, selbstgeschmiedeten Ketten« an den Staatsapparat gefesselt, die Arbeiter aber ihrerseits an den Gewerkschaftsapparat.
Wenn Gewerkschaften und Sozialdemokratie durch ihre Ver-

* Gemeint ist der sich seiner Klassenzugehörigkeit und seiner Klasseninteressen bewußte Teil der Arbeiterschaft.

flechtungen mit einem letztlich eben doch bürgerlichen Staat gelähmt seien und somit unfähig, wirksam etwas gegen Hitler und den Nationalsozialismus zu unternehmen, so sei die KPD noch nicht auf diese Weise zum Feind übergelaufen.

Sie begab sich noch nicht in die Abhängigkeit des deutschen Staates. Aber von der russischen Staatsbürokratie vollständig beherrscht, ist sie, ähnlich der SPD, von dem gleichen Schwindelgefühl ergriffen, das jeden Bürokraten, der handeln soll, auszeichnet.

Simone kritisiert die Politik der deutschen KPD von einem marxistischen Standpunkt. Das gerade macht ihre Argumentationsweise so interessant, erweist sich doch auch hier, daß Sympathien für ein bestimmtes Lager sie nicht zu Wunschdenken verführen, ihr kritisches Urteil nicht beeinträchtigen können.

Lange Zeit war die offen eingestandene Theorie der die KPD führenden Bürokraten, man sollte Hitler ruhig an die Macht kommen lassen. Er würde sich dann schnell abnutzen und der Revolution den Weg ebnen. Gleichwohl hat das italienische Experiment nur zu deutlich gezeigt, daß die Eroberung des Staates durch die faschistischen Banden die Auflösung der Arbeiterorganisationen und die Vernichtung der Funktionäre bedeutet. Gewiß hat die KPD diese Theorie, noch feiger als dumm, später aufgegeben; jetzt stehen ihre Mitglieder täglich im Kampf gegen die Hitlerbanden. Aber im Grund hat die Partei in Gänze ungefähr die gleiche Haltung bewahrt. Sie wartet ab. Statt den scharfen Konflikt, den die SPD und sogar das Zentrum mit dem Faschismus austragen, auszunutzen, wartet sie mit ihren Aktionen, bis die deutsche Arbeiterklasse die Einheitsfront unter ihrer Führung hergestellt hat. Mit anderen Worten: um zu handeln, wartet die KPD, alle deutschen Arbeiter hinter sich zu haben. Aber da sie nichts tut, ist sie noch nicht einmal fähig, einige tausend sozialdemokratische Arbeiter zu gewinnen. Sie begnügt sich damit, alles als faschistisch zu bezeichnen, was nicht kommunistisch ist...

Der nächste Schritt der Analyse befaßt sich dann mit der Frage, warum selbst revolutionär-klassenbewußte Arbeiter »durchschnittlichen Bürokraten« blind vertrauen und folgen.

Der Grund besteht in der engen Abhängigkeit der Kommunistischen Internationale von einem Staatsapparat (dem der Sowjetunion). Trotzki zufolge entspricht dieser Staat einer bürokratischen Entartung der Diktatur, einer persönlichen Diktatur, die sich auf einen unpersönlichen Apparat stützt und die herrschende Klasse des Landes am Hals würgt.
Man wird darauf erwidern, die gegenwärtige Regierung hätte in Rußland große Dinge vollbracht. Aber eine Staatsbürokratie kann in dem von ihr beherrschten Land mit Hilfe des Zwanges wie des von der Oktoberrevolution ausgelösten Elans weit größere industrielle Fortschritte erzielen als Aktiengesellschaften der kapitalistischen Länder... aber was eine Bürokratie nicht zu verwirklichen vermag, ist die Revolution. Die beiden Merkmale einer Staatsbürokratie sind die Furcht vor einer entscheidenden Aktion und der von Trotzki erwähnte bürokratische Ultimatismus. »Der Stalinsche Apparat kommandiert nur. Die Sprache des Kommandos ist die Sprache des Ultimatums. Jeder Arbeiter hat im voraus alle vergangenen, gegenwärtigen und künftigen Beschlüsse des ZK als unfehlbar anzuerkennen.«

Tiefere Ursache der falschen, weil im Kampf gegen den Faschismus unwirksamen Politik der KPD ist die Gängelung dieser Partei durch die Sowjetunion und durch den dort herrschenden Stalinismus. Die sowjetrussische Führungsspitze, allen voran Stalin, so erklärt Simone, könne gar nicht daran interessiert sein, die kritische Lage revolutionär auszunutzen.

So erstickt die auf der russischen Arbeiterklasse lastende bürokratische Diktatur auch die deutsche Revolution. Würden die Russen imstande sein, sie (die bürokratische Diktatur) zu erschüttern, dann wäre das für die deutschen Arbeiter eine machtvolle Hilfe. Umgekehrt gäbe die deutsche Revolution der russischen einen neuen Aufschwung, der den bürokratischen Apparat zweifellos wegfegen würde.

Die Prognose, zu der Simone W. kommt, ist bitter, aber, wie wir rückschauend wissen, richtig:

Die deutschen Arbeiter, die gegen die faschistischen Banden das Erbe der Vergangenheit und die Hoffnung der Zukunft verteidigen, stoßen auf den Widerstand jeder konstituierten Macht, jedes Establishments. Deutscher Staat und russischer Staat, bürgerliche Parteien und traditionelle Arbeitervertreter: entweder als zu überwindendes Hindernis oder als wegzuräumendes totes Gewicht trägt dies alles zur Lähmung der deutschen Arbeiter (und zum Sieg des Faschismus) bei.

Eine ungeschickte Arbeiterin

Im Herbst 1932 wird Simone strafversetzt nach Auxerre. Während in Deutschland Hitler Reichskanzler wird, während der Reichstag brennt, Sozialdemokraten, Kommunisten und Gewerkschaftler, Juden und Zigeuner in die KZs gesperrt werden, wiederholt sich für Simone der Mißerfolg von Le Puy. Auch in Auxerre bestehen von den zwölf Kandidaten ihrer Klasse nur drei oder vier die Bakkalaureatsprüfung in Philosophie. Der Philosophiekurs wird daraufhin aufgelöst.

Zwischen dem 5. und 7. August 1933 spricht Simone W. auf einem Kongreß der Vereinigten Lehrerverbände und der Gewerkschaften in Reims. Ihre Kritik an der Deutschlandpolitik der Sowjetunion und der von ihr dirigierten kommunistischen Internationale löst auf dem Kongreß einen Tumult aus. Als Simone nach Rußland reisen möchte, verweigert ihr die sowjetrussische Regierung die Einreise.

Ihre Ferien verbringt sie nun in dem vom Faschismus bedrohten Spanien. Das neue Schuljahr sieht sie am Lycée von Roanna, Loire. Bei Demonstrationen der Bergarbeiter marschiert sie mit, trägt die rote Fahne, hält eine Ansprache.

Ende des Jahres trifft sie im Haus ihrer Eltern Leo Trotzki. Beim Abschied sagt Trotzki zu Monsieur und Madame Weil: »Sie können sagen, daß die Vierte Internationale in Ihrem Haus gegründet worden ist.«

Aber später, Mitte 1936, äußert sich Trotzki in einem Brief an Victor Serge eher kritisch über Simone:

Sie erzählen mir immer noch von Simone W. Ich kannte sie sehr gut. Ich habe lange Gespräche mit ihr geführt. Einige Zeit hat sie mehr oder weniger mit uns sympathisiert. Dann hat sie allen Glauben an das Proletariat und den Marxismus verloren; sie schrieb nun absurde idealistisch-psychologische Artikel, worin sie die Verteidigung der ›Persönlichkeit‹ übernahm; mit einem Wort, sie entwickelt sich zum Radikalismus. Es ist möglich, daß sie sich von neuem nach links wendet. Aber lohnt es die Mühe, noch länger davon zu reden?

Während in Deutschland Hitler beim sogenannten Röhm-Putsch unliebsame Leute in den eigenen Reihen liquidieren läßt und ihm nach dem Tod des Reichspräsidenten Hindenburg die uneingeschränkte Macht zufällt, handelt sich Simone bei den Genossen damit Ärger ein, daß sie fordert, alle Flüchtlinge aus Deutschland, ohne Ansehen der Tatsache, ob sie Kommunisten seien oder nicht, müßten unterstützt werden.

Am 1. Oktober läßt sie sich »zu persönlichen Studien« vom Schuldienst beurlauben und wird Anfang Dezember 1934 Hilfsarbeiterin in der Elektrofirma Alsthom. Als sie an einer Ohrenentzündung erkrankt, kriecht Simone bei ihren Eltern unter, fährt mit ihnen in die Schweiz und versucht dort als Hauslehrerin zu arbeiten. Zwischen dem 11. April und dem 7. Mai arbeitet sie wieder in der Fabrik. Sie wird arbeitslos. Sie bemüht sich um Wiedereinstellung in den Schuldienst. Ihre täglichen Ausgaben schränkt sie auf 3,50 Francs ein. Sie hungert eigentlich ständig. Zwischen dem 5. Juni und dem 22. August arbeitet sie als Fräserin bei Renault. Dann wird sie auch dort wieder entlassen. Ihr schlechter Gesundheitszustand macht einen Urlaub in Portugal nötig.

Warum geht Simone W. in die Fabrik?

Die Erfahrungen in Deutschland, in der Gewerkschaftsbewegung, aber auch die Gespräche mit Trotzki, haben bei Simone neue Überlegungen ausgelöst:

Die zur Doktrin erstarrte überlieferte Lehre des Marxismus reicht nicht aus, um bestimmte Probleme der aktuellen politischen Entwicklung zu lösen. Die Hitlerdiktatur, die Deformation der UdSSR zu einer Gesellschaft des Staatskapitalismus, die Entwicklung der Kommunistischen Internationale zu einem Herrschaftsinstrument im Dienste des Stalinismus – all dies durfte nicht sein

und war doch. All dies diente längst nicht mehr der Befreiung der Arbeiter, der Proletarier, für deren Befreiung sich die junge Frau engagiert hatte.
Es mußten in all dem Denkfehler verborgen sein. Fehler in der Theorie. Fehler bei der Übersetzung von Theorie in Praxis, bei der Erklärung und Überprüfung der Praxis durch die Theorie. Vielleicht war es einer der ärgsten Fehler, daß die großen richtungsweisenden Theoretiker des Marxismus nie die Wirklichkeit des Arbeitslebens kennengelernt hatten.
An Albertine Thévenon im Frühjahr 1934:

...doch wenn ich daran denke, daß die bolschewistischen Führer eine *freie* Arbeiterklasse zu schaffen behaupteten und daß wahrscheinlich keiner von ihnen – Trotzki sicher nicht und Lenin, glaube ich, auch nicht – je den Fuß in eine Fabrik setzte und folglich nicht die leiseste Ahnung von den wirklichen Bedingungen hatte, die die Knechtschaft oder Freiheit der Arbeiter bestimmen, dann erscheint mir die Politik als ein übler Witz.

Simone verschafft sich praktische Erfahrung, sie erlebt in einem theoretisch nie vorstellbaren Maße die Auslöschung der menschlichen Selbstbestimmung durch die Maschine.

In dieser Sklaverei gibt es zwei Faktoren: Geschwindigkeit und Befehle. Geschwindigkeit: um »es« zu schaffen, muß man jede Bewegung in einem Rhythmus wiederholen, der rascher als das Denken, nicht nur das Denken, sondern auch das Träumen verbietet. Wenn man sich an eine Maschine stellt, muß man acht Stunden täglich seine Seele knebeln, sein Denken, seine Empfindungskraft, alles.
Ist man verärgert, traurig oder angeekelt, muß man dies hinunterschlucken, verdrängen: Ärger, Trauer oder Ekel würde das Arbeitstempo verlangsamen. Und sogar die Freude. *Befehle.* Von der Stechuhr beim Hineingehen bis zum Hinausgehen an der Stechuhr vorbei kann man jeden Augenblick irgendeinen Befehl bekommen. Und immer muß man schweigen und gehorchen. Die Ausführung der Anweisungen kann mühselig, gefährlich oder sogar unmöglich sein; auch können zwei Chefs einander widersprechende Anweisungen erteilen; es macht nichts: schweigen und gehorchen. Sich

an den Chef wenden – selbst für etwas Notwendiges – heißt immer, auch wenn es sich um einen netten Typ handelt (auch nette Typen haben ihre Launen), sich einer möglichen Zurechtweisung auszusetzen; und wenn dies geschieht, muß man ebenfalls schweigen. Die Anwandlungen von Nervosität und schlechter Laune muß man niederhalten; sie dürfen sich weder in Worten noch in Gesten bekunden, denn die Gesten sind in jedem Augenblick durch die Arbeit bestimmt. Diese Situation hat zur Folge, daß das Denken verkümmert, sich verkrampft wie das Fleisch vor dem Messer. Man kann nicht ›bewußt‹ sein.
All dies gilt natürlich für die ungelernte Arbeit. (Hauptsächlich die der Frauen.)
Ein Lächeln, ein gütiges Wort, einen Augenblick menschlichen Kontaktes, die durch all dies hindurchscheinen, sind wertvoller als die ausgreifenden Freundschaften unter den großen und kleinen Privilegierten. Aber es gibt nur wenige, sehr wenige solcher Zeichen. Meist spiegelt selbst die Beziehung zwischen Arbeitskollegen die Härte, die dort drinnen alles beherrscht...

Menschen, die so arbeiten, stellt sie fest, verwandeln sich in »ergebene Lasttiere«, in »Sklaven«. Wer ihr in dieser Zeit entstandenes *Fabriktagebuch* und die damit zusammenhängenden Aufsätze und Briefe liest, wird auf Hunderte von präzisen Detailbeobachtungen darüber stoßen, was Akkordsystem, automatische Arbeit und Unterwerfung des Menschen unter den erbarmungslosen Rhythmus der Maschinen konkret bedeuten.
Simone berichtet mehr als einmal von Menschen, die kapituliert haben, völlig abgestumpft sind, aber auch von ihren eigenen Anstrengungen, sich nicht um die Fähigkeit, »denkend zu leben«, bringen zu lassen.

Arbeiterleben

In ihrem 1936 entstandenen Text *Leben und Streik der Metallarbeiterinnen* macht Simone W. deutlich, was ›Fabrikalltag‹ heißt, was ›Unterdrückung‹ und ›Ausbeutung‹ jenseits ihres Gebrauchs als ideologisch-propagandistische Schlagworte bedeuten.

Einige Auszüge, neu zusammengestellt, vermitteln wohl am besten Simones Erfahrungen.

Arbeit

...jetzt stehe ich an der Maschine. Fünfzig Stück abzählen... sie nacheinander auf die Maschine legen, auf die eine Seite, nicht auf die andere... jedesmal einen Hebel bedienen... das Stück herausnehmen... ein anderes hineinlegen... noch ein anderes... wieder zählen... ich bin nicht schnell genug. Schon macht sich Müdigkeit bemerkbar. Man muß sich beeilen, verhindern, daß eine kurze Unterbrechung eine Bewegung von der nachfolgenden Bewegung trennt. Schnell, immer noch schneller! Also ran! Ein Stück habe ich auf die falsche Seite gelegt. Wer weiß, ob es das erstemal ist? Man muß aufpassen. Dieses Stück liegt richtig. Auch jenes. Wie viele habe ich in den letzten zehn Minuten geschafft? Ich bin nicht schnell genug. Ich beeile mich noch mehr. Allmählich verführt mich die Arbeitsmonotonie zum Träumen. Während einiger Sekunden denke ich an allerlei Dinge. Plötzliches Erwachen: Wie viele Stücke habe ich gemacht? Es sind bestimmt nicht genug. Nicht träumen. Sich noch mehr beeilen. Wenn ich nur wüßte, wie viele man schaffen muß! Ich blicke mich um. Niemand hebt den Kopf, niemals. Niemand lächelt. Niemand spricht ein Wort. Wie einsam man ist. Ich schaffe 400 Stück in der Stunde. Wie soll man wissen, ob es genug ist? Wenn ich dieses Tempo wenigstens halten könnte... Klingelzeichen mittags, endlich. Jeder stürzt an die Stechuhr, in den Umkleideraum, aus der Fabrik hinaus. Man muß essen. Glücklicherweise habe ich noch Geld. Aber man muß haushalten. Wer weiß, ob man mich hier behalten wird? Ob ich nicht wieder weitere Tage arbeitslos sein werde?

Hunger

Verdient man 3 Francs pro Stunde oder gar 4 Francs, dann genügen irgendein Unglück, eine Arbeitsunterbrechung, eine Verletzung, um eine Woche oder länger hungernd arbeiten zu müssen. Keine Unterernährung, sondern wirklicher Hunger. Mit schwerer körperlicher Arbeit verbunden, ist Hunger ein qualvoller Zustand. Man muß ebenso schnell wie gewöhnlich arbeiten. Und vor allem riskiert man einen Rüffel wegen unzulänglicher Produktivität, vielleicht sogar die Entlassung. Es ist keine Entschuldigung zu sagen, man habe Hunger. Man hat Hunger, dennoch sind die Forderungen jener

Leute zu erfüllen, die einen in jedem Augenblick dazu verurteilen können, noch mehr hungern zu müssen. Wenn man nicht mehr weiter kann, muß man sich eben noch mehr anstrengen. Beim Verlassen der Fabrik sofort nach Hause gehen, um der Versuchung des Essens zu entkommen und auf den Schlaf zu warten, der übrigens gestört wird, weil man selbst in der Nacht Hunger spürt...

Furcht

Selten sind die Augenblicke im Laufe eines Tages, da das Herz nicht von Furcht geplagt ist. Am Morgen die Furcht vor dem ganzen Tag, den es zu überleben gilt. In der Metro unterwegs nach Billancourt gegen 6.30 Uhr früh steht auf den meisten Gesichtern die Spannung dieser Furcht. Hat man nicht reichlich Zeit, so fürchtet man die Stechuhr. Bei der Arbeit fürchten alle, denen es schwerfällt mitzuhalten, nicht ausreichend flink und schnell zu sein. Die Furcht, Stücke zu verderben, wenn man das Tempo beschleunigt, weil die Geschwindigkeit eine Art Trunkenheit erzeugt, die die Aufmerksamkeit auslöscht. Die Furcht vor all den kleinen Pannen, die Stücke verderben oder ein Werkzeug zerbrechen lassen. Im allgemeinen die Furcht vor Rügen. Man nähme viele Schmerzen in Kauf, um nur eine Rüge zu vermeiden. Der geringste Verweis ist eine schwere Demütigung, weil man nicht zu antworten wagt. Und wie viele Vorfälle und Handlungen können in einen Verweis münden! Die Maschine wurde vom Einrichter schlecht eingestellt; ein Werkzeug ist aus schlechtem Stahl; manche Stücke sind schwer einzulegen: man wird angeschnauzt. Man sucht den Chef in der ganzen Werkhalle, um Arbeit zu bekommen: man wird zurechtgewiesen. Hätte man vor seinem Büro auf ihn gewartet, hätte man ebenfalls einen Rüffel riskiert. Beklagt man sich über eine zu schwere Arbeit oder ein zerstörerisches Arbeitstempo, wird man brutal daran erinnert, daß Hunderte von Erwerbslosen auf einen Arbeitsplatz warten...

Situationen

...Frauen warten vor einem Fabriktor. Man darf erst zehn Minuten vor Arbeitsbeginn hinein, und wenn man entfernt wohnt, muß man zwanzig Minuten früher kommen, um keine Minute Verspätung zu riskieren. Eine kleine Tür steht offen, aber offiziell ist ›nicht geöffnet‹. Es gießt in Strömen. Die Frauen stehen im Regen vor der offenen Tür...

Was noch? Ein Fabrikumkleideraum während einer kalten Winterwoche. Der Raum ist ungeheizt. Man betritt ihn bisweilen, nachdem man einige Stunden lang vor einem Ofen gearbeitet hat. Man schreckt zurück wie vor einem kalten Bad. Aber man muß eintreten, muß dort seine mit Schnittwunden bedeckten Hände in eiskaltes Wasser tauchen, sie kräftig mit Sägemehl reiben, um Öl und Metallstaub zu entfernen. Zweimal täglich. Natürlich ertrüge man noch schlimmere Leiden, aber diese hier sind unnötig! Sich bei der Betriebsleitung beschweren? Niemand denkt auch nur einen Moment daran. »Sie scheren sich nicht um uns.« Das mag wahr sein oder nicht – jedenfalls machen sie auf uns diesen Eindruck.

Eine Entlassung
Man entläßt mich aus einem Betrieb, in dem ich einen Monat arbeitete, ohne daß man je Kritik an meiner Tätigkeit geübt hätte. Was hat man gegen mich? Niemand hielt sich für verpflichtet, es mir zu sagen. Bei Arbeitsschluß kehre ich zurück. Da ist der Werkmeister. Höflich bitte ich um eine Erklärung. Er antwortet: »Ich bin Ihnen keine Rechenschaft schuldig« und läßt mich stehen. Einen Skandal machen? Ich würde riskieren, nirgendwo mehr eingestellt zu werden. Nein, ich gehe fort, wandere wieder die Straßen entlang, stehe vor Fabrikbüros. Je mehr Wochen verstreichen, desto stärker spüre ich in mir ein Gefühl, von dem nicht zu sagen ist, ob es Angst oder Hunger meint...

Brief an eine Schülerin

In die ersten Monate der Fabrikarbeit fällt ein Brief an eine Schülerin, den ich für eines der wichtigsten Zeugnisse über Simone W.'s Bewußtsein halte. Er gibt Aufschluß über das sehr enge Verhältnis zu bestimmten Schülerinnen ihres Philosophiekurses, ein Verhältnis, bei dem es Simone mehr darum ging, die Schülerinnen auf eine humane Lebenshaltung und Lebensführung in schlimmen Zeiten vorzubereiten als auf das sieghafte Bestehen von Examen.
Mehr noch: Der Brief gibt Auskunft über ihr Privatleben, ihre Gefühlswelt, über jenen Bereich ihrer Persönlichkeit, der, bedingt wohl durch ihre Präsentation als ›religiöse Schriftstellerin‹, in den

Publikationen über Simone Weil eher verschleiert denn erhellt wird.

Angelica Krogmann gibt sich damit zufrieden, bei Simone W. eine gewissermaßen angeborene Neigung zu Askese, Reinheit und Keuschheit anzunehmen. Das ist natürlich, milde gesagt, unzureichend und weicht dem Problem aus. Auch keiner der beiden großen französischen Biografen Simone W.'s reflektiert es hinreichend, und selbst Heinz Abosch, dessen Verdienst es ist, die Gesellschaftskritikerin Simone W. für den deutschsprachigen Raum entdeckt zu haben, schreibt reichlich kryptisch:

W. scheint ihre Weiblichkeit abgelehnt zu haben; ihre Haltung zum Geschlechtlichen trug gewiß anomale Züge. Von psychoanalytischen Beiträgen ist einiger Aufschluß zu erhoffen.

Angesichts solchen Sich-Zierens und solcher Unsicherheit scheint es am vernünftigsten, sich an Aussagen Simones zu halten. Sie sind rar, aber bezeichnend. Ihrer Schülerin schreibt sie:

In bezug auf die Liebe kann ich Ihnen keine Ratschläge geben, bestenfalls Warnungen. Die Liebe ist etwas Ernstes, wobei man oft für immer sein eigenes Leben und das eines anderen Menschen aufs Spiel setzt. Das tut man allemal, es sei denn, einer der beiden mache aus dem anderen sein Spielzeug, aber in diesem letzten, sehr häufigen Sinn ist die Liebe etwas Schändliches. Sehen Sie, das Wesen der Liebe besteht im Grund darin, daß ein Mensch ein vitales Bedürfnis nach einem anderen Menschen verspürt, je nach den Umständen ein wechselseitiges Bedürfnis oder nicht, dauerhaft oder nicht. Das Problem ist nunmehr, ein solches Bedürfnis mit der Freiheit zu versöhnen, und die Menschen haben sich mit diesem Problem seit undenklichen Zeiten herumgeschlagen. Daher erscheint mir der Gedanke als gefährlich und vor allem kindisch, Liebe zu suchen, um festzustellen, was sie ist, um ein trostloses Dasein ein wenig zu erfrischen usw.

Ich kann Ihnen gestehen, daß ich in Ihrem Alter und auch später, als die Versuchung kam, Liebe kennenzulernen, mich dagegen zur Wehr gesetzt habe, indem ich mir sagte, es sei besser, mein ganzes Leben nicht in einer unvorhersehbaren Richtung zu orientieren, bevor ich einen Reifegrad erreicht habe, der mir zu wissen erlaubt, was ich im allgemeinen vom Leben verlange und erwarte. Ich zitiere Ihnen dies nicht als ein Beispiel; jedes Leben entfaltet sich nach seinen eigenen Gesetzen. Aber Sie mögen darin Stoff zum Nachdenken finden. Ich füge hinzu, daß die Liebe eine noch schrecklichere Gefahr zu enthalten scheint, als wenn man blind seine Existenz aufs Spiel setzt; es ist die Gefahr, der Schiedsrichter einer anderen menschlichen Existenz zu werden, sofern man wirklich geliebt wird. Meine Schlußfolgerung (die ich Ihnen nur als Hinweis mitteile) lautet nicht, man solle die Liebe fliehen, sondern man solle sie nicht suchen, vor allem, wenn man sehr jung ist. Ich glaube, es ist dann besser, ihr nicht zu begegnen.

Die Realität des Lebens, schreibt Simone, liege nicht in Empfindungen, sondern in der Tätigkeit.

Empfindungen zu suchen, schließt einen Egoismus ein, der mich entsetzt. Natürlich verhindert dies nicht zu lieben, aber es impliziert, die geliebten Wesen für bloße Ablässe des Genusses oder des Leidens anzusehen und vollständig zu vergessen, daß sie selbständig an sich und für sich existieren. Man lebt inmitten von Gespenstern. Man träumt, statt zu leben.

Aus der emphatischen Formulierung besonders des letzten Satzes läßt sich schließen, daß Simone hier eigenes, sehr persönliches Erleben verarbeitet. Nahe liegt die Vermutung, daß das erste Liebeserlebnis, auf das der Brief anspielt, als Objekt der Wünsche den Bruder hatte. Dem steht nur scheinbar entgegen, daß auch jener Bruder nach Simones Tod zu ihrer Stilisierung zur Heiligen beigetragen hat. 1975 erklärte der zu diesem Zeitpunkt 69jährige Professor André Weil auf einem Symposion des Massachusett Institute for Technology in Harvard:

Aus mir zum Beispiel ist ein Mathematiker geworden. Von einem sehr frühen Alter an gab es bei mir nie eine Frage darüber, ob ich ein Mathematiker werden wolle oder werden würde oder nicht, ich war einer. Ihre (meiner Schwester) Berufung, Rolle oder Geschäft im Leben war von einem sehr frühen Alter an das einer Heiligen, und sie bereitete sich ganz ehrlich auf dieses Geschäft vor. Es ist eine Frage der persönlichen Ansichten, ob man findet, sie sei eine gute Heilige, eine mittelmäßige Heilige oder eine erstklassige Heilige gewesen.

Bei einer Heiligen ist eine nichtsanktionierte Liebe zum leiblichen Bruder natürlich undenkbar. Aber wäre die Stilisierung zur Heiligen nicht eine prächtige Lösung, ein perfekter Abwehrmechanismus für das Objekt dieser Liebe? Auf eine einfache Formel gebracht, läßt sich als Hypothese annehmen, Simone, noch die Simone der Pubertät, liebte ihren Bruder. Diese Liebe verstieß gegen die Normen, sie mußte deswegen verdrängt werden. Eine erstaunliche Perspektive eröffnet sich, wenn man die mögliche Konsequenz bedenkt: Weil man seinen leiblichen Bruder nicht lieben darf, entschließt man sich zur Leidenschaft der Brüderlichkeit, zur Liebe zu allen Menschen.

Grenzsituation

Wir lesen in der modernen Literatur häufig von Menschen in Extremsituation. Dieses Spiel auf der Bühne eines Romans gefällt und fasziniert uns, solange wir Zuschauer sind. Haben wir eine Vorstellung davon, wie wir reagieren würden, sollten wir Stiller, Katharina Blum oder Oskar Matzerath in der Wirklichkeit begegnen? Manchmal bekommen wir eine Andeutung von einer Ahnung, wie das sein würde. Beispielsweise bei Simone W.
Gewiß erregt sie Ärgernis, Anstoß. Ein Geistlicher, der ihr nahestand, viel mit ihr umging, läßt einen Stoßseufzer hören, daß reale Heilige schwierige Menschen seien. Doch vor brutaler Repression schützte sie die Heiligenrolle, deren geschichtliche Tradition. Heilige sind eben so, dürfen so sein.
Wie, wenn ich den Spieß einmal umdrehte, wenn ich Gudrun Ensslin als eine Heilige vorstellte?

Marx wiederbetrachtet

Wenn theoretische Überlegungen Simone W. dazu drängen, die Praxis kennenzulernen, so haben umgekehrt die Erfahrungen der Praxis ihre Auswirkungen auf ihre theoretischen Überlegungen. Bestürzt von der Wucht des Elends in der Arbeitswelt, geht sie noch einmal die Lehre von Karl Marx kritisch durch.

Sie beginnt konsequent dort, wo Marx in seinem Denken seinen Ausgang nimmt, bei Hegel. Marx, so stellt sie fest, sei schließlich selbst derselben Versuchung erlegen wie Hegel. Der kanonisierte Marxismus ist für sie umgekehrtes Hegelianertum.
Bei der Entwicklung seiner Geschichtsphilosophie, also der Erklärung, wie Geschichte verläuft, welche Kräfte sie wie antreiben, setzt Marx an Stelle des Geistes (bei Hegel) die Materie, die Produktivkräfte, denen die Funktion zukommt, die nach Hegel das Wesen des Geistes ausmacht, »ein unendliches Streben nach Besserem.«
Die Emanzipation des Menschen ergibt sich bei Marx aus der Entfaltung der Produktivkräfte. Er erklärt die Geschichte als eine Folge von Klassenkämpfen. Dialektisch trägt die eine Gesellschaftsordnung den Keim der kommenden in sich. Der Kapitalismus gedeihe bis zu einem Punkt, da er durch die Struktur seiner Produktivkräfte in etwas anderes umschlägt. Für Marx ist somit jeder Fortschritt der Produktivkräfte auch ein Schritt auf dem Weg zur Befreiung des Menschen.
Schon Marx, aber erst recht seine russischen Nachfolger, so Simone W., hätten aus den Produktivkräften eine Gottheit werden lassen, aus dem technisch-industriellen Fortschritt eine Religion.
Diesen ›Glauben‹ meint Simone W. auch bei den Machthabern in der Sowjetunion zu erkennen. Sofern sie nicht Zyniker der Macht seien, bezögen sie aus diesem Glauben »die moralische Sicherheit«, die demokratischen Rechte zu vernichten. Sie trösteten sich damit, daß die unter solchen Opfern vorangetriebene Industrialisierung irgendwann zwangsläufig das Reich der Freiheit oder der klassenlosen Gesellschaft bringen werde.
Simone W. macht die bestürzende Feststellung: Man kann durchaus den Kapitalismus beseitigen, wie dies in der Sowjetunion geschehen ist, ohne ein Mehr an menschlicher Freiheit zu schaffen. Jener »Übergangsstaat«, der dort entstanden ist, ist in ihren Augen keine Vorstufe zum »Reich der Freiheit«, zur klassenlosen Gesellschaft, sondern eine neue Form bürokratischer Herrschaft, ein totalitärer Staat.
Sie entdeckt etwas, das Marx und Engels entgangen zu sein scheint

und auch sonst von keinem marxistischen Theoretiker erkannt worden ist: Die in der Großindustrie bestehenden Herrschaftsverhältnisse scheinen gegen die Emanzipationsbestrebungen der Menschen resistent zu sein.
An der in der Realität zu beobachtenden Fehlentwicklung sei aber auch Marx insofern nicht unschuldig, als er Produktion und Genußerfahrung propagiert habe. So wenn er in den *Grundrissen* schreibe:

Also keineswegs Entsagen von Genuß, sondern Entwickeln von power, von Fähigkeiten zur Produktion und daher sowohl die der Fähigkeiten, wie der Mittel des Genusses.

Simone W. beurteilt eine immer mehr sich ausweitende Genußfähigkeit (man könnte auch sagen: Bedürfnis nach zivilisatorischem Komfort), verbunden mit einer Ausweitung und Differenzierung der Produktivkräfte, höchst skeptisch. Es scheint ihr unvorstellbar, daß je alle schwere Arbeit dem Menschen durch Maschinen abgenommen werden könnte. Sie schreibt:

Überdies sind die automatischen Maschinen nur in dem Maß vorteilhaft, wie man sie serienweise und in großen Mengen arbeiten läßt: ihr Arbeitseinsatz ist folglich mit jener Unordnung und Vergeudung verbunden, die eine übertriebene ökonomische Zentralisierung hervorruft; andererseits sind sie eine Versuchung, viel mehr zu produzieren, als dies zur Befriedigung wirklicher Bedürfnisse notwendig wäre, wodurch nutzlose Schätze an menschlicher Arbeitskraft und an Rohstoffen vergeudet werden.

Im Gegensatz zu Marx und Lenin sieht Simone W. als Ergebnis der Ausweitung und Differenzierung der Produktivkräfte nicht die klassenlose Gesellschaft, sondern eine Überflußgesellschaft. Sie erkennt, daß eine fortschreitende Technik mit einem breiten Angebot an Komfort zugleich auch Leiden produziert, Herrschaft nicht abgebaut, sondern neue Formen von Herrschaft entwickelt werden.
Und noch eine Entdeckung macht Simone in diesem Zusammenhang: Die geschichtliche Erfahrung zeigt, daß die proletarische

Revolution nur in dem einen oder in dem einen und anderen Land in einer Epoche siegt, keineswegs aber weltweit. Weil das aber so ist, sieht sich auch eine Gesellschaft, in der eine Revolution des Proletariats stattgefunden hat, zunächst gezwungen, Ausbeutung und Unterdrückung erst einmal zu verstärken.

In der Darstellung von Marx ist die wirkliche Ursache der Ausbeutung der Arbeiter nicht der Genuß- und Konsumwunsch seitens der Kapitalisten, sondern die Notwendigkeit, das Unternehmen so rasch wie möglich zu vergrößern, um seine Macht gegenüber Konkurrenten zu erhöhen.
Nun muß jedoch nicht nur ein Unternehmer, sondern jede maximal arbeitende Gesellschaft den Konsum ihrer Mitglieder maximal einschränken, um möglichst viel Zeit der Herstellung von Waffen gegen rivalisierende Gemeinschaften zu widmen. Solange auf der Erdoberfläche ein Machtkampf stattfindet und solange der entscheidende Siegfaktor die Industrieproduktion ist, werden daher die Arbeiter ausgebeutet sein...

Im Grund polemisiert Simone W. gegen blindes Geschichtsvertrauen, wie sie es im marxistischen Lager sieht, gegen die Vorstellung, der Lauf der Geschichte müsse das Paradies bringen. Die Lehre von einem mechanischen Ablauf von Geschichte stützt die Zyniker der Macht, sichert die Herrschaft der Bürokraten. Das fördert somit nicht die Befreiung des Proletariats und des Menschen überhaupt, sondern dient einem Pseudosozialismus als ihn rechtfertigende Ideologie.

Sie besteht darauf, unglücklich zu sein

In den acht Monaten, in denen Simone W. als Fabrikarbeiterin lebt, verschlechtert sich ihr Gesundheitszustand entscheidend. Immer wieder muß sie wegen Ohrenschmerzen, Stirnhöhlenvereiterung oder Kopfschmerzen aussetzen. Trotz aller Anstrengungen und eiserner Selbstdisziplin ist es ihr fast nie gelungen, die bei Akkordarbeit geforderten Normen zu erfüllen.
Daß sie sich gleichzeitig oder kurz danach über schwerwiegende Fehler im Denkgebäude der Marxschen Lehre und über deren

katastrophale Auswirkungen klar geworden ist, ohne aber eine Lösung der erkannten Probleme anbieten zu können, dürfte zu jenem Sturz in den Pessimismus geführt haben, der in vielen Äußerungen und Reaktionen deutlich wird.
In den Osterferien 1936 arbeitet sie auf einem Bauernhof. Auch dieses Experiment mit ›körperlicher Arbeit‹ verläuft eher frustrierend. Die Bauersfrau, Madame Belleville, berichtet:

Sie wusch sich nie die Hände, ehe sie die Kühe molk. Sie wechselte nie ihre Kleider, und sie hörte nie auf, vom künftigen Martyrium der Juden, von der Armut, von Deportation und den Schrecken des Krieges, den sie für die nahe Zukunft voraussah, zu lamentieren. Als wir ihr schönen sahnigen Käse vorsetzten, schob sie ihn fort und erklärte, sie könne nichts davon essen, solange Kinder in Indonesien hungerten.

Schließlich gibt man ihr zu verstehen, man werde es begrüßen, wenn sie sich irgendwo anders Arbeit suche.
Madame Belleville erklärt später, das viele Denken und Studieren müsse die junge Dame wohl um den Verstand gebracht haben.
Der Spanische Bürgerkrieg ist ausgebrochen. Eine innerlich zerstrittene Demokratie muß sich gegen den Putsch faschistischer Generale zur Wehr setzen. Für Hitler und Mussolini wird Spanien zum Übungsfeld jener Waffen, mit denen sie später den II. Weltkrieg zu führen gedenken. Die Sowjetunion unterstützt die schwache Republik nur zögernd. Für die westlichen Demokratien stellt der Konflikt eine unliebsame Störung ihrer Befriedigungspolitik dar.
Ohne ein Wort Spanisch zu sprechen, reist Simone W. nach Katalonien und schließt sich dort der Arbeiterpartei der marxistischen Einigung (POUM) an. Sie meldet sich freiwillig zu einem gefährlichen Unternehmen hinter den feindlichen Linien und ist enttäuscht, als man sie abweist. Sie trägt Uniform und ein Gewehr, aber offenbar ist sie nicht in der Lage, damit umzugehen. Man teilt sie zur Küchenarbeit ein. In ihrer Ungeschicklichkeit tritt sie in eine Pfanne mit siedendem Fett und zieht sich schwere Verbrennungen zu. In Sitges bei Barcelona spüren die Eltern die Verletzte auf. Durch das Eingreifen des Vaters kann verhindert werden, daß

sie durch unsachgemäße Behandlung der Brandwunden das Bein verliert. Die Eltern nehmen sie mit zurück nach Frankreich.
Sie selbst hat aus ihrer etwas voreiligen Beteiligung am Spanischen Bürgerkrieg, zu der sie ihr so ausgeprägter Sinn für Solidarität verleitet hatte, gelernt, daß man »der Angst zu töten und der Lust zu töten gleichermaßen widerstehen muß.«
Ihr ist auch klar geworden, daß aus einem gerechten Kampf der hungernden Bauern gegen die Grundbesitzer und einen Klerus, der mit diesen weitgehend gemeinsame Sache macht, ein Machtkampf der Großmächte geworden ist, bei dem es schließlich am allerwenigsten noch um die Interessen des spanischen Volkes geht. Später nennt sie den Bürgerkrieg einen »Söldnerkrieg« und ist selbstkritisch genug, einer Freundin einzugestehen: »Mein Unfall in Spanien war mein Glück.«

Toujours Antigone

»Toujours Antigone« ist ein Wort aus den allerletzten Lebenstagen Simones. Zusammen mit der Vorstellung, daß man jeweils der leichteren Waagschale sein eigenes Gewicht beizusteuern habe, definiert es wohl am besten jene individuelle Moral, mit der sie versucht, einem Leben in barbarischen Zeiten Sinn beizulegen.
Indem Simone diese Parole gegen jeden zu wenden bereit ist, unter Umständen, wie sie selbst sagt, auch gegen die Kirche, ja selbst gegen Gott, erfüllt sie jene Aufforderung ihres Lehrers Alain, der ihr einmal geschrieben hatte: »Behalten Sie, was ich gesagt habe: Was menschenfeindlich ist, das ist falsch.«
Diese Moral umschreibt auch ein anderes Stichwort: Flucht aus dem Lager des Siegers.
Vieles an ihrem Leben, was einem bizarr, fragwürdig, verrückt vorkommt, erscheint, gemessen an diesem ethischen Anspruch, wohl als ein Verstoß gegen vertraute Normen, aber im Sinn dieser Ethik völlig plausibel.

Wegen ihrer Brandwunden bleibt sie vom Schuldienst beurlaubt. Im Frühjahr 1937 reist sie nach Italien, nach Mailand, Assisi, Florenz, Rom. Klar ist zu erkennen, daß nun der entscheidende Schritt zur Mystik erfolgt: »In Assisi zum erstenmal auf den Knien.« Das Bedürfnis nach transzendentaler Kommunikation nimmt bei ihr mehr und mehr zu. Am Palmsonntag 1938 hat sie ein mystisches Erlebnis beim Anhören einer Gregorianischen Messe in der Benediktiner-Abtei Solesmes.

Ich hatte bohrende Kopfschmerzen; der Ton tat mir weh wie ein Schlag, und da erlaubte mir eine äußerste Anstrengung der Aufmerksamkeit, aus diesem elenden Fleisch herauszutreten, es in seinen Winkel gekauert allein zu lassen.

Ihre erste Christuserscheinung hat sie im Herbst, zu einer Zeit großer politischer Bedrohung: Einmarsch der deutschen Truppen ins Sudetenland, am 9. November Ausschreitungen in Deutschland gegen die Juden, ›Reichskristallnacht‹. Später wird man Simone vorwerfen, daß sie zwar gegen Hitler, nicht aber gegen seinen Antisemitismus Stellung genommen habe. 1938 vertritt sie, wie viele Franzosen, einen radikalen Pazifismus, der auch einen Frieden mit dem Dritten Reich anstrebt. Zu diesem Zweck sollen sogar antikommunistische und antijüdische Gesetze in Kauf genommen werden. Dies wäre »an sich ziemlich gleichgültig«, meint sie in sträflicher Gelassenheit. Tatsächlich verstärken sich bei ihr gewisse antijüdische Tendenzen mit der Hinwendung zum Katholizismus.

Bereits vor Kriegsausbruch hat sie ihren Pazifismus verworfen und dazu aufgerufen, Hitler entschieden entgegenzutreten. Ihr Bruder, der einen Lehrstuhl in Straßburg innehatte, kann noch rechtzeitig nach Skandinavien und dann nach Amerika flüchten. Sie selbst empfindet Skrupel darüber, ob Frankreichs Sache in diesem Krieg eine gerechte Sache sei, »wegen der Kolonien.« 1940 plant sie eine Truppe von Frontkrankenschwestern, natürlich unter ihrer Beteiligung. Bei Hitlers Blitzkrieg im Westen

bleibt sie bis kurz vor Einmarsch der deutschen Truppen in Paris, flieht dann mit den Eltern über Vichy nach Marseille, das in der von den Deutschen nicht besetzten Zone der Pétain-Regierung liegt. Dort wird sie wegen Beteiligung an der Résistance und Verteilens verbotener Schriften inhaftiert. Man läßt sie als ›geistesgestört‹ wieder frei.
Noch in Paris oder schon in Marseille, ganz genau läßt sich das nicht rekonstruieren, schreibt sie folgenden Text nieder:

Er trat in mein Zimmer und sagte: Elendes Geschöpf, du verstehst nichts, du weißt nichts. Komm mit mir, und ich werde dich Dinge lehren, von denen du keine Ahnung hast. Ich folgte ihm. Er führte mich in eine Kirche. Sie war neu und häßlich. Er ging mit mir vor den Altar und sagte: Knie nieder. Ich sagte ihm: Ich bin nicht getauft. Er sagte: Fall auf die Knie an diesem Ort in Liebe, denn hier ist der Ort, wo Wahrheit ist. Ich gehorchte.
Er führte mich hinaus und stieg mit mir bis zu einer Mansarde in einem Haus hinauf... Das Licht der Sonne stieg auf, wurde blendender und wieder schwächer und dann blickten die Sterne und der Mond durch das Fenster. Und wieder stieg Morgenröte auf. Manchmal legten wir uns auf den Boden der Mansarde, und es überkam mich die Süßigkeit des Schlummers. Dann erwachte ich und trank das Licht der Sonne. Zuweilen hielt er inne, holte aus einem Schrank ein Brot, und wir teilten es. Dieses Brot schmeckte wirklich nach Brot. Niemals mehr habe ich diesen Geschmack wiedergefunden. Er schenkte mir und sich Wein ein, der nach Sonne schmeckte und nach der Erde, auf der diese Stadt gebaut ist...

Nach Simones Vorstellung handelt es sich um den Bericht über eine Christuserscheinung. Beachten sollte man, daß der Mann, den sie trifft, der sie erst in eine Kirche, dann in eine Mansarde führt, mit dem sie redet, eine Nacht verbringt, Brot und Wein teilt, nirgends mit Namen genannt wird. Deutlich hat der Text den Unterton einer erotischen Phantasie, wie übrigens die meisten Texte von Mystikerinnen.
Vergleicht man diesen Erguß mit ihren früheren Schriften, so wird die Wandlung mit besonders erschreckender Deutlichkeit sichtbar. Verständlich wird das nur durch einen unerträglichen Mangel

an Kommunikation und Liebe, durch die Einsamkeit, in die sich Simone W. zum Teil selbst hineinmanövriert hatte, die aber durch die Zeitumstände noch verstärkt wurde.
Im Frühsommer 1941 macht Simone die Bekanntschaft des Dominikanerpaters Jean-Marie Perrins in Marseille, eines älteren, halbblinden Mannes, der ihr Gesprächspartner und geistlicher Beistand wird. Im Sommer und Herbst arbeitet sie wieder in der Landwirtschaft bei Perrins Freund Gustave Thibon, später inkognito in Saint-Marcel d'Ardèche im Department Gard. Der Versuch, sich durch Arbeit, der sie nicht gewachsen ist, selbst zu bestrafen, selbst auszulöschen, ist nicht zu übersehen.
Im Oktober kehrt sie zurück nach Marseille. Als Jüdin darf sie nicht mehr als Lehrerin beschäftigt werden. Sie schreibt einen ironisch-höhnischen Brief an den »Kommissar für Judenfragen«. Die Deutschen locken sie in eine Falle. Sie wird wieder verhaftet, und wieder läßt man sie, »da harmlos«, laufen. Ein andermal leert sie beim Einsteigen in eine Straßenbahn einen Koffer, der Papiere und Unterlagen der Widerstandsbewegung enthält, auf dem Pflaster aus. Ihre Ungeschicklichkeit hat keine Folgen.
Am 14. Mai 1942 reisen die Eltern mit der Tochter auf dem Schiff *Marechal Lyauthey* nach Algier aus. Sie gehören zu jenen Glücklichen unter den französischen Juden, denen es gelungen ist, ein amerikanisches Visum zu bekommen. In Nordafrika werden die Weils drei Wochen in einem Lager festgehalten. Anfang Juni 1942 fahren sie mit einem portugiesischen Schiff nach New York.
Simone versucht, so rasch wie möglich nach Europa zurückzukommen. Sie will mit dem Fallschirm über Frankreich abspringen, gegen die Okkupanten kämpfen. Bei einer späteren Eingabe mit diesem Vorschlag schreibt Charles de Gaulle an den Rand: »Sie ist verrückt!«
9. November 1942: Abschied von New York. Überfahrt mit dem schwedischen Schiff *Vanessa* nach Liverpool. Dort wird sie wegen Spionagegefahr zunächst isoliert. Auf freien Fuß gesetzt, arbeitet sie für die »Force de la France Libre.«
In ihrem Büro schreibt und schreibt sie: Über Gerechtigkeit und Nächstenliebe, über die Unreduzierbarkeit des Guten, die Be-

dürfnisse der Seele, Gnade, Verantwortung, Strafe. Schon aus dem Jahr 1942 stammt der Satz:

Die Welt braucht Heilige, so wie die von einer Pestepidemie befallene Stadt Ärzte braucht. Wo es Not gibt, gibt es auch eine Verpflichtung.

»Wenn Sie eine Tochter haben, monsieur«, soll ihre Mutter zu dem französischen Dichter Jean Tortel einmal gesagt haben, »so beten Sie darum, daß sie keine Heilige wird.«
Immer wieder dringt jetzt Simone darauf, als Partisanin nach Frankreich gehen zu dürfen. Aber in diesem Punkt bleiben die sonst offenbar recht toleranten Vorgesetzten unnachgiebig. Zu augenscheinlich ist, daß sie bei ihrer Ungeschicklichkeit auf der Stelle gefangengenommen würde und das Leben anderer gefährden könnte, die nicht so besessen und todeswütig sind wie sie.
In ihrem möblierten Zimmer schläft sie auf dem Fußboden. Sie besteht darauf, nur soviel zu essen, wie ihre Landsleute im besetzten Frankreich auf Lebensmittelkarten zugeteilt bekommen. In diesem Zustand der Überreiztheit verfaßt sie jenes Buch, das als ihr Hauptwerk gilt: *Die Entwurzelung.*
Es ist ein widersprüchliches Werk, das sehr unterschiedlichen Deutungen offen ist. Die abendländisch-christliche Kultur, besonders das Kolonisieren und Christianisieren fremder Völker, ist in ihren Augen eine Fehlentwicklung, die mit den römischen Eroberungen und dem Verzicht der Kirche auf die hellenistische Philosophie begonnen habe. Entwurzelung – im Sozialen, Nationalen und Religiösen – heiße das Grundübel der Neuzeit, an dem die Kirche mit Schuld trage, aber auch das Geld und die materialistischen Denkgewohnheiten.
Das Buch ist auch als eine Art Entwurf für die Gesellschaftsordnung in Frankreich nach Ende des Krieges gedacht, und seine politisch-gesellschaftlichen Aussagen sind erstaunlich, um nicht zu sagen: bestürzend. Simones Ideal ist nun eine »christliche Gesellschaft.« Die jüdische Minderheit soll verschwinden, indem man zur Mischehe ermutigt. Die Rebellin gegen jegliche Art versteinerter Institutionen fordert plötzlich strenge staatliche

Autorität. Heinz Abosch hat wohl recht, wenn er diese seltsame Wende als Fall jüdischen Selbsthasses erklärt, wie er auch bei Karl Marx und Karl Kraus zu beobachten sei. Was hier geschieht, muß man sich aber doch genauer klarmachen: Der Antisemitismus bedeutet für Simone Angst, Verfolgung, die Erfahrung, über Jahre hinweg hilflos Zielscheibe des Hasses zu sein. Und all das führt zu einer Verinnerlichung, bei der der Betreffende den Auslöser seiner Situation, in diesem Fall den Antisemitismus, ›adoptiert‹.

Gewissermaßen parallel zum Selbsthaß einer auch in Frankreich immer wieder verketzerten und bedrohten jüdischen Minderheit scheint bei Simone W. ein Selbsthaß gegen ihre Weiblichkeit bestanden zu haben. Auch hier ist die Wurzel in der langen Erfahrung von Ängsten und Unterdrückung zu suchen, die sich aus dem Dasein als Frau ergeben.

Ihren schlechten gesundheitlichen Zustand erwähnt sie in den Briefen an die Eltern in Amerika nicht. Am 17. August 1943 wird sie in das Grosvenor Sanatorium in Ashford/Kent eingeliefert. Dort stirbt sie, 34 Jahre alt, am 24. August 1943 an einer Herzmuskelschwäche, verursacht durch Hunger und Lungentuberkulose. Der Leichenschauer hat geschrieben:

Die Verstorbene tötete sich, indem sie bei gestörtem Geisteszustand sich weigerte, hinreichend Nahrung zu sich zu nehmen.

An dem Begräbnis auf dem Friedhof Ashford nehmen acht Trauergäste teil. Ein Priester, der aus London anreisen wollte, versäumte, wahrscheinlich wegen eines Fliegeralarms, den Zug.

Machtverzicht

Noch einmal: Warum sich mit Simone W. beschäftigen? Eine Frau, die selbständig denkt und handelt. Eine Frau mit Passion. Eine Frau in Rebellion. Jemand, der fragt: »Ich möchte wissen, ob es in Amerika Nachtigallen gibt?«

Ihr Leben betrachten, heißt auch einsehen, unter welchen Schwierigkeiten eine Frau in einer patriarchalischen Gesellschaft

lebt, welche Kräfte und Möglichkeiten bei so vielen Frauen durch gesellschaftliche Normen blockiert werden und welcher Anstrengung es bedarf, sich zu befreien.
Scheitern ist keine Schande.
Aber vielleicht gibt es einmal Frauen, die verwirklichen können, was Simone W. und vielen anderen noch mißlang. Diese Hoffnung ist keineswegs utopisch. In der Frühgeschichte der Menschheit gab es durchaus auch ein anderes Verhältnis zwischen Männern und Frauen. Herrschaft der Männer über die Frauen ist also nicht naturgegeben, ist nicht in der Wesensart des Menschen angelegt. Sie ist entstanden unter konkreten gesellschaftlichen Bedingungen, die sich feststellen und erklären lassen.
Nicht wenige Männer haben Angst, daß auf eine Herrschaft der Männer eine Ära der Herrschaft von Frauen folgen könnte. Sie haben Angst davor, zu Opfern jener Art von Unterdrückung zu werden, die sie heute noch selbst gewohnheitsmäßig praktizieren.
Aber Emanzipation der Frau muß nicht zur Umkehrung der Herrschaftsverhältnisse führen, sie könnte auch Aufhebung von Herrschaft bedeuten.

Die Ehefrau eines Schwarzen Panthers

Eine Frau liebt einen Mann.
Eine Frau liebt einen Mann mit einer Hingabe, Ausschließlichkeit und Loyalität, die staunen macht.
Was mich an dieser Geschichte interessiert, ist der Versuch einer Frau, die im viktorianischen Zeitalter herrschenden Vorstellungen von den Pflichten einer Ehefrau zur Mythe von Liebe und Selbstaufopferung zu stilisieren.
Da es sich um eine außergewöhnliche Frau handelt, ist auch ihr Aufwand außergewöhnlich. Ihre Anstrengungen steigern sich in dem Maße, in dem die Gesellschaft den ungewöhnlichen Mann, dem ihre Liebe gilt, wegen seiner Verstöße wider Sitte und Moral bestraft.
Was einmal bei dieser Frau Wille zur Selbstverwirklichung gewesen ist, geht nun in ihre Anstrengung ein, die Mythe Wirklichkeit werden zu lassen, und sie verwandelt sich in ein Geschöpf dieser Mythe.

Isabel Arundell, geboren am 20. März 1831.
Die Arundells gehören zum katholischen Adel Englands. Ihre Ahnenreihe läßt sich bis in die Zeit Wilhelms des Eroberers zurückverfolgen. Isabels Vater besitzt kein Vermögen. Er verdient sein Geld als Weinkaufmann. Sein reicher Cousin, Isabels Taufpate, hat ihm und seiner Familie einen Flügel von Wardour Castle als Wohnsitz zur Verfügung gestellt. Damit ist es nach dem Tod des Lords vorbei.
Die Zeit zwischen ihrem zehnten und sechzehnten Lebensjahr verbringt Isabel in einer Klosterschule. Danach wohnt sie mit ihren Eltern in Furze Hall, nahe Ingateston in Essex: ein altmodisches Gebäude, halb Cottage, halb Farmhaus. Ein paar hundert Meter von der Straße entfernt, ganz von Wald umgeben, zugewachsen mit Büschen, Efeu und Blumen.

Als Mädchen eine etwas üppige Blondine mit, wie es in ihrem Tagebuch heißt, »einer Vorliebe für Zigeuner, Beduinen und Araber, den Osten, Mystik und ein wildes, gesetzloses Leben.«
Wie damals üblich, wird sie mit achtzehn Jahren in die Gesellschaft eingeführt. Sie hat ihr Debut, macht ein, zwei Ball-›seasons‹ in London mit. Das ist der Heiratsmarkt der viktorianischen Gesellschaft für bessere Kreise. Ein Gesellschaftsspiel mit dem Anstrich von Vergnügen, aber mit einem ernsten Anliegen. Nach spätestens zwei ›seasons‹ muß es geklappt haben, muß ein Mädchen verlobt sein. Als Erfolg gilt, wenn sie dank ihres persönlichen Charmes oder ihrer erotischen Anziehungskraft einen Mann angelt, dessen Position in der sozialen Rangordnung höher ist als die der Familie, aus der sie kommt. ›Puss‹, wie Isabel in der Familie genannt wird, hat keine Mitgift. Trotzdem wird sie beachtet, könnte viele gute Partien machen. Sehr zur Bestürzung ihrer Mutter, ihrer Tanten scheint sie wenig daran interessiert zu heiraten. Vorhaltungen, Auftritte, Tränen. Die season geht vorüber, ohne daß ein Heiratskandidat in Sicht ist.
Die Familie siedelt für zwei Jahre nach Boulogne über. Ein französisches Seebad für Vornehme, die sparen müssen. Langeweile. Handarbeiten unter dem wachsamen Mutterauge. Spaziergänge über die Promenade. Ein großes Abenteuer: trotz des strengen Regiments von Mama gelingt es Isabel und ihrer Schwester ab und zu einmal, eine von Papas Zigarren zu entwenden und diese heimlich zu rauchen.
Freilich hat man und unter solchen Umständen Träume:

Mein Ideal ist ungefähr sechs Fuß groß. Er sollte nicht eine Unze Fett auf den Rippen haben. Er hat breite muskulöse Schultern, einen mächtigen Brustkasten. Er ist ein Herkules männlicher Stärke. Er hat schwarzes Haar, braune Haut, eine kluge Stirn, dichte Augenbrauen und große schwarze Augen – so seltsame Augen, daß man es nicht wagt, wegzuschauen, mit langen Wimpern. Er ist ein Soldat und jemand, der gewohnt ist zu befehlen und zu gehorchen... Seine Religion ist die meine, sonst ist er frei, liberal und großzügig. Er ist kein kleinlicher, zugeknöpfter Bursche, der nur darauf lauert, daß man einen Fehler macht. Er ist einer jener starken Männer, die führen, die denken, die die Fäden in der Hand halten...

Sonst noch was?
Ja. Noch dies:

Solch einen Mann würde ich nicht nur heiraten. Ich liebe diese Mythe, denn natürlich ist es eine Mythe, fast so sehr wie ich Gott liebe.

Ach so...

Auf dem Hafenbollwerk, beim Spaziergang mit ihrer Schwester, hat Isabel ein Erlebnis:

Eines Tages kam die Vision meines erwachenden Denkens auf uns zu. Er war fünf Fuß elf Inchs groß, sehr breitschultrig, dünn und muskulös. Er hatte sehr dunkles Haar, schwarz. Sehr klar gezeichnete Augenbrauen, einen braunen, wettergegerbten Teint, gerade arabische Gesichtszüge, einen entschlossen aussehenden Mund, das Kinn fast völlig bedeckt mit einem enormen Schnurrbart.
Ich habe seither gescheite Freunde sagen hören: Er hat die Braue eines Gottes und das Kinn eines Teufels. Aber das Bemerkenswerteste an seiner Erscheinung sind ein paar große, schwarz blitzende Augen mit langen Wimpern, mit einem Blicke, der einem durch und durch geht. Er macht einen wilden, stolzen, melancholischen Eindruck. Wenn er lächelt, sieht das so aus, als bereite es ihm Schmerzen zu lächeln. Gewöhnlich schaut er mit ungeduldiger Verachtung auf alle Dinge. Er war gekleidet in einen schwarzen, kurzen schäbigen Mantel und trug einen kurzen dicken Stock geschultert, als ginge er auf Wache... Ich war völlig hypnotisiert, und als wir uns etwas entfernt hatten von ihm, wandte ich mich zu meiner Schwester und flüsterte ihr zu: »Diesen Mann werde ich heiraten.«

Am nächsten Tag, etwa zur selben Stunde, traf man sich wieder auf der Promenade. Sehr zur Verblüffung der beiden Schwestern zog diesmal der schöne wilde Mann ein Stück Kreide aus seiner Rocktasche und schrieb an eine Mauer: *Darf ich mit Ihnen sprechen?* Er läßt das Stück Kreide liegen und geht weiter, Isabel nimmt es auf und schreibt unter seinen Satz: *Nein, Mutter wird sonst böse.*

Tatsächlich hört die Mutter von der romantischen Begegnung, was zu Folge hat, daß die Mädchen noch strikter bewacht werden als zuvor.
Isabel wird krank. Sie ist abwechselnd hitzig, blaß, aufgedreht und einer Ohnmacht nahe. Ihre Eltern bestellen einen Arzt, der eine Magenverstimmung feststellt. Die Pillen, die ihr der Doktor verschreibt, wirft sie ins Feuer.
Dieser Mann – er heißt Richard Burton – ist Soldat, Linguist, Entdeckungsreisender, Abenteurer. Er hat Bücher geschrieben. Sie liest jede Zeile von ihm. Sie sieht ihn noch einmal und dann vier Jahre lang nicht mehr.

Ein Tag machte eine Ausnahme in unserem sonst sich so langweilig dahinschleppenden Leben. Mein Cousin gab eine Tee-Gesellschaft mit Tanz. Viele Leute kamen, unter ihnen auch *er* wie ein Stern unter all dem Binsenlicht. Das war die Nacht der Nächte. Einmal tanzte er mit mir einen Walzer. Mehrmals sprach er mit mir, und ich behielt die Schärpe, auf der beim Tanz seine Hand auf meiner Hüfte gelegen hatte, die Handschuhe, deren Stoff er berührt hatte. Ich habe sie nie wieder getragen...

Nach dieser Begegnung reisen die Arundells nach London zurück. Isabel wird wieder auf den Bällen ausgestellt und fährt fort, günstige Partien auszuschlagen. Sie ist nun einundzwanzig, ihr Verhalten ist der Mutter ein Rätsel. Isabel ist völlig auf ihren Richard fixiert:

Werde ich nie Ruhe haben, um ihn zu lieben und zu verstehen und ihm jedes meiner Gefühle, jeden meiner Gedanken mitzuteilen?

Vor einem Ölgemälde von Rangoon:

Wenn Richard und ich uns nicht heiraten, wird Gott es einrichten, daß wir uns in der nächsten Welt treffen. Wir können nicht getrennt werden, wir gehören zueinander.

Häufig finden sich in ihren Tagebüchern Hinweise auf Richards Vagabondage, um die sie ihn beneidet, und Kommentare, daß sie selbst auch für ein solches Leben geschaffen sei: »Eine trockne Kruste Brot, Entbehrungen, Schmerzen, Gefahren würde ich gern auf mich nehmen.« Eine große, kräftige junge Frau mit einer immer gut durchbluteten Haut, einem großen Busen und blauen Augen. Ovaler Gesichtsschnitt. Ziemlich schweres Kinn. Eine Hakennase. Die Lippen fest zusammengekniffen. Von den Zeitgenossen nennen sie einige in ihren Memoiren »schön« oder »hübsch«, andere »ausgezeichnet gekleidet«, »faszinierend«, »strahlend«, »elegant«. Sie findet Anerkennung, aber glücklich ist sie nicht:

Ich glaube, meine Schwester und ich haben hier so viel Aufregung und Unterhaltung wie die meisten Mädchen, und doch kommt mir alles so langweilig vor. Mich verlangt es danach, die Welt im Express zu durchrasen. Es ist mir, als müsse ich verrückt werden, wenn ich weiter hier daheim herumsitzen muß.

Unterdessen ist der Mann, den sie im stillen, aber mit einer Intensität und einem Absolutheitsanspruch liebt, dem kein menschliches Wesen gerecht zu werden vermag, nach Mekka unterwegs, verkleidet als persischer Bettler. Er wird später über seine Pilgerfahrt eines der großartigsten Bücher der Reiseliteratur schreiben, in dem sich die Wahlverwandtschaft dieses Mannes mit den Orientalen andeutet: Da ist von Streitigkeiten die Rede, die statt mit Duellen mit Saufgelagen beigelegt werden, von Besuchen im Harem (in wieder anderer Verkleidung, beispielsweise als Arzt), vom Marsch unter einem Himmel, schrecklich in seiner makellosen Schönheit. Um ihn ein Ödland, das einen flammenden Atem hat, wo das Bersten eines Wasserschlauches oder die Hufverletzung bei einem Kamel mit Sicherheit ein qualvolles Sterben nach sich ziehen. Er erlebt tatsächlich die Abenteuer, von denen Isabel geträumt hat und die ihr verwehrt sind.

Richard Francis Burton wird 1821 in Ferfordshire geboren. Der Vater, Oberst Joseph Netterville Burton, ist Ire, die Mutter

Engländerin. Der Großvater mütterlicherseits will Richard Francis ein Vermögen von einer halben Million Pfund hinterlassen, aber Burtons Mutter scheint eine Affenliebe für ihren Halbbruder, einen nichtsnutzigen Rechtsanwalt gehabt zu haben. Sie lehnt die Erbschaft für das Kind ab und bemüht sich darum, daß der Halbbruder sie erhalten soll. Aber der Großvater ist entschlossen, seinen Willen durchzusetzen. Auf der Fahrt zu seinem Rechtsanwalt, mit dem er sich über das Testament beraten will, stirbt er an einem Herzanfall. Seine Kindheit verbringt Richard teils in England, teils auf dem Kontinent, wo der Vater in Südfrankreich sein Asthma zu kurieren versucht. Richard, der Älteste, und sein Bruder Edward sind wahre enfants terribles. Beide können gut mit Waffen umgehen. Sie rauchen, beteiligen sich an Glücksspielen und erwerben Erfahrungen in jeder Art von Laster. Es gibt eine Serie von unglücklichen Hauslehrern. Keiner von ihnen hält es bei den Burtons lange aus.

Mit neunzehn kommt Richard nach Oxford. Er schimpft über das feuchte Klima, das schlechte Essen, die ewig bimmelnden Glocken. Die Studenten kommen ihm so langweilig vor. »Ich bin unter die Krämer gefallen«, stöhnt er. Er liest zwölf Stunden am Tag, möchte arabisch lernen. Sein Professor schneidet ihn, sagt, er sei dazu da, Klassen zu unterrichten, nicht Individuen.

Er will in die Armee eintreten. Der Vater besteht darauf, daß er Pfarrer wird. Burton legt es darauf an, von der Universität relegiert zu werden. Er geht – obwohl Glücksspiele den Studenten strikt untersagt sind – mit Kommilitonen auf einen Rennkurs, wo der irische Wunderreiter Oliver antritt, und sie setzen auf Pferde. Das reicht als Delikt für einen Hinauswurf aus.

Er versucht, seinen Vater dazu zu überreden, ihm eine Offiziersstelle in einem der vornehmen Regimenter zu kaufen, muß sich aber schließlich mit einem Posten in jenen Verbänden begnügen, die der Britisch Ostindischen Companie unterstehen. Er büffelt hindustani und sticht im Juni 1842 nach Bombay in See.

Das Soldatenleben in Indien stellt sich als alles andere als abenteuerlich heraus. Ein Feldzug ist nicht in Sicht. Die einzige Möglichkeit, rasch aufzusteigen, bietet der Stabsdienst. Dazu muß man Sprachen können oder Beziehungen haben.

Während der nächsten zwei Jahre lernt Burton persisch, punjab, pushta, sindhi und maruthi. Er ist gierig nach neuen Erfahrungen. Von seinen Sepoy-Soldaten lernt er ringkämpfen, indische Schwerttechnik, den Umgang mit der Reiterlanze. Verkleidet als Balochi geht er mit den Eingeborenen in die Berge, um die Falknerei zu studieren. Dann wird er Agent des Secret Service. Er läßt sich Haare und Bart wachsen, färbt sich die Haut noch einen Ton dunkler und lebt unter den Eingeborenen, die ihn für einen Perser oder einen indischen Zigeuner halten.
Seine Lieblingsmaske ist die des Mirza Abdullah, ein Bettler, der vorgibt, halb Araber, halb Perser zu sein. Damit kann er seinen Akzent erklären. Bei Tage sitzt er als Straßenhändler dösend im Basaar, hört, beobachtet, notiert. In der Nacht sucht er das britische Lager auf, liefert seine Meldungen ab und stiehlt sich wieder davon.
Dieser Mirza ist ein gesprächiger Bursche, dem schönen Geschlecht zugetan. Von seinen Freundinnen hört er viel. Lange bevor die große Meuterei der indischen Truppen ausbricht, weiß er davon, macht seinem Vorgesetzten davon Meldung. Doch seine Warnungen werden in den Wind geschlagen.
Schon in Indien – und es sind dies Interessen, die er sein ganzes Leben über beibehält – interessieren ihn neben anthropolgischen, geographischen und physiologischen Daten die sexuellen Praktiken der Völker, unter denen er lebt: Ursachen und Erscheinungsformen von Nymphomanie, Tabus, Methoden der Kastration, Krankheiten der Harn- und Geschlechtsorgane. Im prüden viktorianischen Zeitalter eine Ungeheuerlichkeit.
Zwischen seinem zwanzigsten und dreißigsten Lebensjahr macht Burton so ziemlich jede sexuelle Erfahrung, die denkbar ist. Diese Zeit prägt aber auch entscheidend seine Einstellung zu Frauen überhaupt. Es ist naheliegend, daß sein männliches Rollenverständnis, Herr und Gebieter zu sein, durch seine Abenteuer und Erlebnisse in Indien noch verstärkt wurde: Die Frau ist da zur Lustbefriedigung und um alle jene Dinge zu erledigen, die von den eigentlichen Aufgaben abhalten.
Zu Burtons Geheimmissionen gehört auch die Überwachung und Ausspähung des Bordellwesens in Scinde. »Er begab sich in die

unvorstellbarsten Spelunken des persischen Lasters«, schreibt einer seiner Biographen scheinheilig, »es war die vielleicht abstoßendste Aufgabe, die je einem Offizier oder Gentleman übertragen wurde.« Man kann jedoch sicher sein, daß Burton dieses Eintauchen in eine exotische Volkswelt außerordentlich gut gefiel. Es machte ihm ganz offensichtlich großen Spaß, Informationen aus der Realität des Orients zu sammeln.

In seinem Schlußaufsatz zu seiner Übersetzung von *Tausendundeine Nacht* deutet Burton an, welche Auswirkungen die Päderastie der Perser auf die britische Eroberung Indiens gehabt hat. Er schildert die homophilen Vorlieben der Afghanen und Perser und erklärt, welche Katastrophen die Vernachlässigung ihrer Frauen nach sich zog. Die Afghanen waren nicht selten Handelsreisende. Jede ihrer Karawanen wurde von einer Anzahl Knaben begleitet, die *kuchisafari* hießen, ›Reisende Weiber‹. Diese Jungen waren wie Frauen gekleidet, färbten sich mit Henna, trugen Schmuck. Sie ritten auf Kamelen, während ihre ›Ehemänner‹ zu Fuß liefen. »Die afghanischen Frauen mußten ständig auf päderastische Eskapaden ihrer Männer gefaßt sein«, notiert Burton und behauptet, daß einer der Gründe für den Kabul-Aufstand des Jahres 1841, bei dem eine Anzahl britischer Offiziere hingemetzelt wurden, in exzessiven Ausschweifungen der vernachlässigten Frauen mit Weißen zu suchen sei.

Als er nach vier Monaten von seinem Geheimauftrag auftaucht und einen Bericht über seine Nachforschungen abliefert, behält sein Vorgesetzter, General Napier, dieses Schriftstück zurück, wohl weil er den Inhalt für zu skandalös hält. Kurz darauf wird Napier abberufen. Burtons Bericht wird nicht ausgewertet, aber er blockiert seine weitere Karriere, weil man ihn selbst für homosexuell hält. Unerfahrene junge Leutnants, die frisch aus England kommen, werden ihm vorgezogen, er sieht sie sogar zu seinen Vorgesetzten werden.

Er tröstet sich mit Studien islamischer Mystik und Theologie und erwirbt den Grad eines Meister-Sufi. Freilich trägt er selbst auch nicht wenig dazu bei, daß er im Offizierskorps geschnitten und isoliert wird. Er hält sich beispielsweise in seinem Haus vierzig Affen aller Arten und versucht deren Sprache zu ergründen. Er nennt die einzelnen Tiere ›Doktor‹, ›Kaplan‹, ›Adjudant‹, bis hin zu einem kleinen Äffchen, das er als seine Ehefrau vorzustellen pflegt.

Er wird krank und schreibt sein erstes Manuskript *Goa und die Blauen Berge oder Sechs Monate Krankenurlaub*, aber das erste Buch, das gedruckt wird und auch in die Buchhandlungen gelangt, ist *Schande oder das unglückliche Tal.*

Schon nach diesen beiden Schriften läßt sich Burtons Eigenart als Schriftsteller erkennen. Seine Stärke sind die anthropologischen Daten. Meist nimmt er sich gar nicht erst die Mühe, seine Originaltagebücher und Feldstudien noch einmal zu glätten, ihnen eine verbindliche Form zu geben. Was ihm wirklich wichtig ist, findet sich jeweils in den Fußnoten, die oft mehr Platz einnehmen als der Haupttext, der lediglich den Verlauf einer Reise oder Expedition trocken referiert. Fast immer liefert er zwei Bücher in einem. Und während die Detailinformationen zu barocken Wucherungen aufgebläht werden, sind die Titelthemen wie leidige Pflichtaufgaben lieblos abgehandelt. Das viktorianische Publikum und auch die Kritik waren auf eine solch unorthodoxe Art von Informationsübermittlung nicht vorbereitet.

Außerdem war es üblich, daß der Verfasser bei der Veröffentlichung eines solchen Reisebuches sich selbst in Vorträgen der gelehrten und gebildeten Welt vorstellte. Burton aber, immer noch auf Krankenurlaub, vergrub sich in Boulogne, wo er seine rheumatische Augenentzündung auszukurieren versucht und das nunmehr schon vierte Buch über seine indischen Erfahrungen zu Papier bringt: *Die Falknerei im Tal des Indus.* Außer Informationen über das im Titel angegebene Thema bietet er darin auch noch eine Auseinandersetzung mit seinen englischen Kritikern, denen er vorwirft, sein wahres Talent nicht erkannt zu haben.

In Boulogne, an einem warmen Septembertag, will es das Schicksal, der Zufall oder Allah, daß er Isabel Arundell begegnet, einer großgewachsenen jungen Frau mit blauen Augen und einer kantigen Kinnpartie. Er selbst ist siebenundzwanzig Jahre alt. Boulogne hat er unter verschiedenen in Frage kommenden französischen Badeorten ausgewählt, weil sich hier auch der berühmte Fechtmeister Constantine aufhält, in dessen Schule er ein ganzes System neuer Attacken und Finten entwickelt. Um diese Zeit verfaßt er auch eine kleine Schrift mit dem hübschen Titel *Ein komplettes System für das Exerzieren mit dem Bajonett.*

Die Begegnung mit Isabel Arundell scheint auf ihn keineswegs einen ebenso starken Eindruck gemacht zu haben wie umgekehrt bei ihr. Er träumte andere Träume.

Als Entdecker hatte man auch als Außenseiter die Möglichkeit, zu Ansehen und Ruhm zu gelangen. Wer als Reisender bis ans Ende der Welt kommt, wer den Lauf eines der größten Flüsse in Afrika oder Asien vermißt, wer als erster zum Nordpol oder Südpol vorstößt – der gilt als Held, dem liegt in einem Land wie Großbritannien die Gesellschaft zu Füßen.

Also reist Burton nach Mekka, in die Heilige Stadt des Islam, ins Heiligste des Heiligen. Die Königlich Geographische Gesellschaft gibt ihm zu dieser Reise einen offiziellen, freilich geheimgehaltenen Auftrag, setzt bei der East Indian Company durch, daß ihm ein Jahr Sonderurlaub gewährt wird.

Natürlich riskiert er bei seiner Entdeckung den Tod, und die Strapazen sind mörderisch. Etwas anderes aber ist es, was diese Reise so bemerkenswert macht, was sie von ähnlichen Reisen anderer Europäer abhebt, die später in die Verbotenen Städte des Islam gelangen: Eigentlich verkleidet sich Richard Burton nicht. Er gibt seine europäische Existenz mit seinen Kleidern bei einer Vertrauensperson ab. Er wird zu einem Moslem, einem Araber. Die Identifikation mit allen Aspekten des moslemischen Lebens und Glaubens, eine Art Doppelexistenz als Europäer und Orientale, ist von nun an bezeichnend für ihn. Beispielsweise schreibt er:

> Ich war viel zu sehr Araber, als daß mich die endlosen Vorbereitungen bei der Zusammenstellung der Pilgerkarawane gestört oder ermüdet hätten... Arabisch ist meine Muttersprache.

Nach seiner Rückkehr aus Mekka und Medina hält sich Burton in Kairo auf, schreibt seine Erlebnisse nieder, macht Studien in arabischer Poesie und Märchenkunde. Er tritt in einen Orden der

Derwische ein und schreibt selbst ein großes Gedicht in orientalischer Tradition *Kasdah oder Lay vom höheren Gesetz.*
Er kehrt nach Bombay zurück, unternimmt mit drei Kollegen eine Expedition in ein anderes verbotenes Land, nach Somalia. Er kommt, gewissermaßen im Handstreich, bis in eines der Zentren des ostafrikanischen Sklavenhandels, nach Harar – diesmal hat er sich als mohammedanischer Kaufmann verkleidet. Er wird vom Emir empfangen, der ihn allerdings mit Mißtrauen betrachtet. Er fälscht einen offiziellen Legitimationsbrief, um den sich zusammenbrauenden Zorn des Emirs abzuwiegeln, und kehrt zu seinen Freunden zurück, die in einem Basislager in Küstennähe auf ihn warten.
Dann aber kommt eines jener Ereignisse, die das tatsächliche Risiko solcher Reisen deutlich machen. 350 Eingeborene überfallen das kleine Lager. Stroyan, einer der Weißen, fällt. Während die Somali-Krieger ihre Straußenfedern in sein Blut tauchen, offenbar ein Mächtigkeitsritual, können Speke und Burton schwer verwundet entkommen. Burton hackt sich trotz seiner Verwundungen den Weg mit dem Schwert frei. In England kommt es später zu einem Untersuchungsverfahren. Hat Burton seine Sorgepflicht als Expeditionsleiter verletzt? Trifft ihn eine Mitschuld am Tod Stroyans? Er wird mit Glanz und Glorie freigesprochen.

Und Isabel?
Sie muß weiter warten, denn nun zieht Richard Burton in den Krim-Krieg. Er hat darauf gehofft, an die Front zu kommen, statt dessen soll er sich um die Organisation eines Korps von Balkansöldnern kümmern, die mit ihrer Disziplinlosigkeit ihre englischen Offiziere zur Verzweiflung gebracht haben. Burton wird auch mit ihnen fertig. Er lehrt sie fechten, Kavallerie-Angriffe reiten und verhindert Duelle, eine Pistole in der einen, ein Glas raki in der anderen Hand.
Isabels Leben verläuft sehr viel eintöniger, obwohl sie all ihre Möglichkeiten ausschöpft. Sie setzt Himmel und Hölle in Bewegung, um auf die Krim geschickt zu werden. Sie bietet sich Miss Florence Nightingale für deren Frauenhilfskorps an und wird

abgelehnt. Darauf stürzt sie sich, inzwischen mit ihren Eltern nach London zurückgekehrt, in die Sozialarbeit und kümmert sich um die Prostituierten in den Slums.
Was Richard Burton von dem Krankenpflege- und Seelsorgekomplex so vieler Frauen im viktorianischen Zeitalter hält, macht das folgende Zitat klar:

Wenn ich mir dieses Schwärmen der Frauen betrachte, die offenbar ein morbides Vergnügen dabei empfinden, sich um Verwundete und Sterbende zu kümmern, so kann ich nicht umhin, darin einen Tribut an die Sexualität zu sehen, die sie auf gewöhnliche Weise nicht befriedigen können oder über die sie die Nase rümpfen.

In London wird über Burton geklatscht. Auch Isabel kommen Gerüchte zu Ohren, Gerüchte, die sie außerordentlich beunruhigen. Da ist von Tscherkessen-Harems die Rede und von Streifzügen durch Viertel, in denen er nach seltenen Pornographika der türkischen und arabischen Literatur fahndet.
Sein ganzes Leben lang werden Burton solche Gerüchte begleiten. Daß er einer Frau gegenüber dazu Stellung bezogen, mit seiner Ehefrau über seine sexuellen Erlebnisse gesprochen hätte, ist unvorstellbar. In der viktorianischen Gesellschaft tauschen nur Männer untereinander ihre sexuellen Erfahrungen aus, und über Burtons Erlebnisse sind selbst seine Kameraden entsetzt. Einer christlich erzogenen Frau, einer Dame aus gutem Haus kann man so etwas nicht zumuten.

Im August 1856 gehen Isabel und ihre Schwester Blanche im Botanischen Garten in Kew bei London spazieren. Sie begegnen Richard Burton. Er erkennt Isabel sofort wieder. Über vierzehn Tage hin treffen sie sich jeden Tag. Sie kennt all seine Bücher. Er stellt fest, daß sie ihn auf keinem seiner Schritte während der letzten zwei Jahre aus den Augen verloren hat.

Etwa ab dem dritten Tag veränderte sich sein Verhalten mir gegenüber allmählich. Wir hatten angefangen einander kennen zu lernen, und was zuvor Ideal gewesen sein mochte, war nun Realität. So ging das etwa vierzehn Tage. Ich schwebte auf Wolken.

Am Ende jener vierzehn Tage legte er verstohlen seinen Arm um meine Hüfte und seine Wange berührte die meine und er fragte mich: »Könnten Sie sich etwas so Krankhaftes vorstellen wie die Zivilisation aufzugeben. Wenn ich den Konsulatsposten in Damaskus bekäme – würden Sie mich heiraten, mit mir kommen und mit mir dort leben?«
Er sagte: »Antworten Sie mir jetzt nicht, denn das bedeutet einen sehr entscheidenden Schritt in Ihrem Leben. Sie werden Ihre Familie aufgeben müssen und das Leben einer Außenseiterin führen. Ich glaube sehr wohl, daß Sie dazu fähig sind, aber Sie sollten es bedenken.«
Ich war lange still vor Erregung, es war, als sei der Mond auf die Erde gestürzt und würde sagen: ›Du hast so lange um mich gebettelt, jetzt bin ich gekommen.‹ Aber er, der ja nicht wußte, wie lange ich ihn schon liebte, meinte, ich hätte weltliche Gedanken und sagte: »Vergeben Sie mir, ich habe zuviel verlangt.«
Ich fand endlich meine Stimme wieder und sagte: »Ich will nichts überdenken... ich habe sechs Jahre darüber nachgedacht, seit ich Sie damals in Boulogne zum erstenmal sah. Ich habe jeden Morgen und jeden Abend für Sie gebetet. Ich habe Ihre Karriere genau verfolgt. Ich habe jedes Wort gelesen, das Sie geschrieben haben und würde lieber trocknes Brot essen und in einem Zelt mit Ihnen leben als ohne Sie Königin der ganzen Welt zu sein, und deshalb sage ich jetzt: Ja, ja, ja!«
Dann sagte er: »Deine Eltern werden nicht einverstanden sein.«
Ich antwortete: »Das weiß ich schon, aber ich gehöre mir selbst. Ich entscheide selbst, wen ich heirate und wen nicht.«
»Dann ist es ja recht«, sagte er, »sei fest, und ich werde es auch sein.«

Kurz darauf verläßt Richard sie abermals für drei Jahre. Er haßt Abschiede, deshalb schreibt er an ihre Schwester einen Brief, sie möge Isabel vorsichtig beibringen, daß er eine Forschungsreise angetreten habe.
Mit erstaunlicher Gelassenheit erträgt sie nun, da er ihr seinen Antrag gemacht hat, die lange Trennung. Sie glaubt daran, daß zwischen Menschen, die sich sehr nahe stehen, psychische Kontakte auch über weite Entfernungen hin möglich sind. Ihre Verbindung mit Richard ist ein Brief von ihm, den sie in einem

kleinen Beutel um den Hals trägt. Sie ist nun achtundzwanzig Jahre alt, nach viktorianischem Maßstab weit über das Heiratsalter hinaus, und schreibt in ihr Tagebuch:

Ich liebe und werde geliebt. Was an Härten die Zukunft auch immer bringen mag, er hat mich geliebt. Meine Zukunft ist mit der seinen verbunden in allen Konsequenzen. Mein eifersüchtiges Herz verwirft jeden Kompromiß. Es will seinen Willen haben, oder es wird brechen.

Sie denkt über die Gefahren nach, die ihm drohen, unbekannte Gefahren. Was etwa ein Dutzend potentieller weiblicher Rivalen angeht, so ist sie ziemlich zuversichtlich. Aber Afrika, das dunkelste Afrika! Oft vergehen mehrere Monate ohne eine Nachricht. Im Januar ist Richard von Bombay nach Sansibar gereist. Mit seinem Kollegen Speke will er von der Küste landeinwärts vordringen und die Nilquellen suchen.

1857 in Europa. Isabels Schwester hat geheiratet. Isabel begleitet das junge Paar auf seiner Hochzeitsreise. Was immer sie sieht, wo immer sie ist – alles wird auf Richard bezogen: die Alpen, Venedig, die Bäume im Park von Nizza.
In Genf gehen sie auf die Bälle des diplomatischen Korps. Ein amerikanischer Witwer mit 300 000 Dollar Vermögen aus Goldgruben in Kalifornien macht Isabel einen Antrag, aber:

...es gibt nur einen Mann auf dieser Welt, der ein solches Gefühl in mir zu erzeugen vermöchte. Die Leute mögen sich, wie man so sagt, tausendmal verlieben, aber das wahre ›feu sacré‹ brennt nur einmal im Leben.

Die Mythe in Reinkultur.
In Genf bemüht sich auch ein russischer General um sie. Er hat Orden, Geld, einen bekannten Namen, neun Schlösser. Er hat Isabel zum erstenmal in einer Kirche in Genua gesehen und ist ihr nach Genf gefolgt. Die Bestätigung der Mythe von der einen, großen, alle Schwierigkeiten überwindenden Liebe: auch andere

sind so, empfinden so, handeln so. (Natürlich muß man es sich leisten können.)
Er bombardiert sie mit Blumensträußen, läßt Geiger vor ihrem Fenster fiedeln. Isabel zeigt sich völlig unbeeindruckt. Statt dessen geht sie – Vorbereitung auf ein Leben mit Richard – angetan mit dicken Schuhen und roten Unterröcken mit ihrer Schwester bergsteigen. Rheumaanfälle werden mit Kirschwasser bekämpft. Schließlich gönnt sie den Jungvermählten doch noch ein paar Tage allein. Sie reist vorzeitig heim. Unterwegs verliert sie ihr gesamtes Geld und ihr Gepäck und betreut einen Epileptiker, der in einem Eisenbahnabteil dritter Klasse einen Anfall erleidet.

Unterdessen ist es Richard Burton und John Hanning Speke gelungen, bis zum Tanganjika See vorzudringen. Auf der Rückreise macht Speke einen Abstecher zu jenem großen Inland-Meer, das heute Victoria See heißt. Er stellt fest, daß der See eine weit größere Ausdehnung hat als ursprünglich angenommen. Er hat plausible Gründe dafür, anzunehmen, daß dort der Nil entspringt.
Einsam unter Eingeborenen und arabischen Sklavenhändlern haben sich die beiden Männer in einen erbitterten Streit verrannt, der sich durch ihren elenden Gesundheitszustand und die damit verbundene Gereiztheit mehr und mehr steigert. Burton hat einundzwanzig Malariaanfälle gehabt. Speke leidet unter der gespenstischen Kichyomachyoma, einer Mischung aus Wassersucht, Epilepsie und Delirium tremens. Als sie im März 1859 Sansibar wieder erreichen, sind die Streitigkeiten zwischen ihnen nur oberflächlich beigelegt. Speke reist sofort nach England zurück. Burton muß in ein Krankenhaus, um sich auskurieren zu lassen. Dabei will er seine Aufzeichnungen ordnen.
Trotz eindeutiger Absprachen zwischen den beiden, man werde die Ergebnisse der Expedition gemeinsam der Öffentlichkeit bekanntgeben, sobald auch Burton nach England zurückgekehrt ist, fährt Speke, sowie er in London eingetroffen ist, zur Royal Geographic Society und behauptet, er und nur er habe die Nilquellen entdeckt. Mehr noch, er setzt durch, zum Leiter einer neuen Expedition ernannt zu werden, einer Expedition ohne Burton.

Als Richard Burton in London eintrifft, ist Speke der Held des Tages. Nach ihm kräht kein Hahn.
In ihrem Tagebuch beschreibt Isabel ihr Wiedersehen mit Richard:

Am 22. Mai machte ich einen Besuch bei Bekannten. Man sagte mir, daß meine Freundin ausgegangen sei... Ich bestand darauf, auf sie zu warten. Nach ein paar Minuten klingelte es wieder an der Tür. Es war ein weiterer Besucher, der ebenfalls warten wollte. Die Stimme, die ich da sagen hörte: »Ich wollte mich nach der Adresse von Miss Arundell erkundigen«, elektrisierte mich. Die Tür ging auf.Kann man sich meine Empfindungen vorstellen, als ich Richard vor mir sah. Einen Augenblick standen wir beide wie betäubt... dann fielen wir uns in die Arme.

Burtons Gesundheitszustand ist immer noch miserabel:

Er glich einem Skelett, seine gelbliche Haut hing in Falten herunter. Die Augen traten vor. Seine Lippen bogen sich von den Zähnen fort.

Wieder treffen sie sich jeden Tag. Isabel schleppt Richard nun auch mit zu ihrer Familie. Ihre Mutter ist entschieden gegen die Heirat. Richard Burton ist nicht katholisch, er hat kein Vermögen, aber dafür einen schlechten Ruf.
Gegenüber ihrer Mutter benimmt sich Isabel denn doch recht unterwürfig. Unter Umständen sind die Hindernisse, die der Eheschließung im Weg stehen, Burton so unlieb nicht gewesen. Gewiß liebt er Isabel. Aber auf seine Art, und wie das zu verstehen ist, davon wird sie noch so manche Kostprobe bekommen. Andererseits darf sie ihn trösten, pflegen, ihn aufrichten, wenn er von seinen Scharmützeln in der bösen Welt heimkehrt.
Das hat sie sich immer gewünscht.
Isabels Aufzeichnungen stehen bei ihrem Überschwang immer in Gefahr, in ärgsten Kitsch umzukippen:

Ich pflegte dann still dazusitzen, ihn anzusehen und mir zu überlegen: Du bist mein und es gibt keinen Mann auf Erden, der auch nur im geringsten so wäre wie du.

Du bist mein. Das ist der Lohn für die Opfer, die Isabel bringt. Daß man ein Recht darauf hat, einen Menschen zu besitzen, ist Lehre jener zur Institution gewordenen Glaubensgemeinschaft, der Isabel angehört, ist Teil der Moral der Gesellschaft, in der sie lebt, wird verbürgt vom Staat, damit Ordnung sei in dieser Gesellschaft. Der Besitzanspruch gehört zur Mythe.

Neun Monate geht Richard auf eine Reise nach Amerika. Ausgerechnet zu den Mormonen, denen ja bekanntlich die Vielweiberei gestattet ist.

Ehe er gefahren ist, hat er zu Isabel gesagt, wenn er zurückkomme, werde sie wählen müssen zwischen ihm und ihrer Mutter. Wenn sie ihn nicht heirate, werde er nach Indien zurückkehren und sie würden sich nie wiedersehen.

Ihre Entscheidung ist klar, und sie beginnt, sich auf ihre Rolle als Richards Ehefrau gezielt vorzubereiten. Unter dem Vorwand, sie brauche Luftveränderung, zieht sie sich aufs Land zurück. Sie lernt melken, reiten, ein Gespann fahren, einen Garten anlegen, kochen, fischen.

In London nimmt sie Unterricht bei einem guten Fechtmeister. Als der sie fragt: »Aber warum, Miss?«, antwortet sie: »Damit ich Richard verteidigen kann, wenn er angegriffen wird.«

In Briefen soll der Bräutigam der Mutter schmackhaft gemacht werden:

In dem Augenblick, als ich seinen brigantenhaften, dem Teufel trotzenden Blick sah, erhob ich ihn zu meinem Idol und beschloß, daß er der einzige Mann sei, der für mich als Ehemann in Frage komme.

Die Epistel endet mit einem Satz, der Isabel darstellt wie kein anderer ihrer Sätze, der den Kern des Konflikts deutlich macht, der sich durch die Spannung zwischen viktorianischer Konvention und individueller Vitalität in ihr abspielt:

Ich wünschte, ich wäre ein Mann. Wäre ich einer, so möchte ich am liebsten Richard Burton sein, aber da ich nur eine Frau bin, will ich wenigstens Richard Burtons Ehefrau sein.

Dieser Satz bedeutet ihre endgültige Kapitulation in punkto Selbstverwirklichung. Etwa um dieselbe Zeit schreibt eine andere junge Frau, die sich zu emanzipieren versucht, in ihr Tagebuch:

Frauen scheinen dazu geschaffen, entweder zu bewundern oder sich zu opfern. Ich als Frau verlange nach dem Recht, daß die Natur mir etwas gibt, wofür es sich lohnt zu leben, wofür es sich lohnt zu sterben...

Isabel gibt, nachdem alle ihre Bestrebungen und Bemühungen zum Scheitern verurteilt waren, den Anspruch auf ein eigenes Leben auf. Als Ehefrau von Richard Burton will sie nur noch durch ihn leben.

Heikle Punkte selbst für Isabels Opferbereitschaft bleiben Religion und Finanzen. Burton ist praktisch mittellos. Sein Vater hat ihm vor ein paar Jahren 15 000 Pfund hinterlassen, aber das Geld ist bei seinen Expeditionen aufgezehrt worden.

Daß er kein Katholik ist, daß man über seinen Glauben oder Unglauben schwer etwas in Erfahrung bringen kann, bedauert Isabel sehr. Aber davon steht im Brief an die Mutter kein Wort. Hingegen heißt es dort:

Du schreibst mir, man wisse nicht, wer er ist, und daß Du ihm nirgends in Gesellschaft begegnest. Das erste will ich nicht hören, weil man denken könnte, Du seist ungebildet, und Du weißt selbst ganz genau, wie gescheit Du bist. Aber was Deine Bemerkung angeht, Du sähest ihn nirgends, so meinst Du doch damit jene besondere Art von Gesellschaft, die Dir für Deine Töchter so recht wäre. Dort wirst Du ihn freilich nicht treffen, weil er sich dort langweilt, und das ist ihm verhaßt. Er ist ein weltoffener Mann, und seine Lebensart und seine Talente öffnen ihm jede Tür... Im Osten ist er überall angesehen, auch in den literarischen Zirkeln Londons und auf den großen Parties, auf denen Du und ich nur zum Fußvolk gehören würden, fällt er auf...

Zur Vermittlung zwischen Mutter und Tochter – Mr Arundell nimmt eine eher indifferente Haltung ein – wird kein geringerer als ein Kardinal bemüht. Er trifft sich mit Burton, nimmt ihm das

Versprechen ab, Isabel müsse ihre Religion ungehindert ausüben dürfen. Kinder seien im katholischen Glauben zu erziehen, die Heirat müsse in einer katholischen Kirche stattfinden. Mit all dem ist Burton einverstanden. »Natürlich muß sie ihre Religion ausüben«, sagt er, »sie sollte nicht nur, sie wird. Ein Mann ohne Religion, das mag vielleicht noch angehen, aber eine Frau ohne Religion, das ist keine Frau für mich.«

Der Kardinal holt Dispens aus Rom ein. Es wird beschlossen, daß die Hochzeit ohne Wissen von Mrs Arundell stattfinden solle, da diese krank ist und sich unter Umständen zu sehr aufregen könnte. Vor ihrer Eheschließung hat Isabel für sich *Regeln für mein Verhalten als Ehefrau* aufgestellt. Hier sind einige dieser siebzehn Regeln:

Dein Ehemann soll in dir einen Gefährten, Freund, Ratgeber und confidant finden, so daß er daheim nichts vermißt. Laß ihn bei dir als Frau all das finden, was, wie er und so viele andere meinen, ein Mann nur bei seiner Geliebten findet, dann wird er sich nicht außer Haus umtun müssen.

Sei ihm eine aufopfernde Krankenschwester.

Mach es ihm daheim gemütlich. Selbst wenn das Heim klein und ärmlich ist, sollte es einen gewissen Chic haben. Männer schämen sich immer eines ärmlichen Zuhauses und gehen dann in den Club.

Lasse ihm alle Bequemlichkeit angedeihen, erlaube ihm, daß er raucht oder was sonst er tun will. Gib dich optimistisch und sei attraktiv. Lade Leute ein, die für ihn wichtig sein könnten, pflege den Stil von Gesellschaft, der zu ihm paßt (Literaten). Mach ihm klar, wer seine wirklichen Freunde sind und wer nicht.

Bilde dich in jeder Weise, damit du dich an seinen Unternehmungen beteiligen kannst, damit du mit ihm Schritt hältst und er deiner nicht überdrüssig wird.

Sei bereit, ihm zu jedem Augenblick irgendwohin zu folgen und stehe solche Schwierigkeiten durch wie ein Mann.

Schlage ihm nie etwas ab, worum er dich bittet. Bewahre ihm gegenüber immer eine gewisse Reserviertheit und Zartgefühl. Erhalte jene Atmosphäre der Flitterwochen, ob nun daheim oder in der Wüste. Zier dich nicht, sei nicht prüde. Mach nicht den Fehler, dein Aussehen zu vernachlässigen, sondern kleide dich so, wie es ihm gefällt.

Er muß wissen: wenn er fortgeht, bleibt sein zweites Selbst daheim und regelt alles aufs Beste. Interessiere dich für alles, was auch ihn interessiert. Um eine gute Gefährtin zu sein, muß eine Frau lernen, sich mit dem voll und ganz zu identifizieren, was ihren Mann interessiert. Sei es, daß er Rüben züchtet, so muß sie sich eben für Rüben interessieren.

Vertraue dich niemals mit deinen häuslichen Sorgen Freundinnen an.

Verbirg seine Fehler vor jedem, gib ihm bei Schwierigkeiten und Ärger recht.

Nimm es nie hin, daß jemand in deiner Gegenwart respektlos über ihn redet. Geschieht dies, so verlasse den Raum.
Erlaube niemandem, dir etwas über ihn zu erzählen, besonders nicht über sein Verhalten gegenüber anderen Frauen.
Verletze nie seine Gefühle, indem du ungezogene Bemerkungen machst oder ihn auslachst.

Bringe ihn nicht mit religiösen Gesprächen gegen dich auf, sei religiös und gib ein gutes Beispiel, nimm das Leben ernst, bete für ihn und tu alles, was du kannst für ihn, aber laß es ihn nicht merken... Du kannst versuchen, daß er jeden Abend mit dir ein kleines Gebet spricht, ehe ihr zu Bett geht, bestimme ihn langsam und vorsichtig dazu, gut gegenüber den Armen und vergebungsvoll gegenüber anderen zu sein.

Achte darauf, daß du stets gesund bist, bei guter Laune und deine Nerven intakt sind, um seiner natürlichen Melancholie entgegenwirken zu können und in der Lage zu sein, deine Mission zu erfüllen.

Sorge dafür, daß alles läuft, nie in etwas ein Stillstand eintritt, denn nichts ist für ihn schwieriger zu ertragen als Stagnation.

Eine gewisse Ähnlichkeit mit religiösen Vorschriften und Geboten ist bei diesem Schriftstück nicht zu übersehen. Aus der Liebe zu einem Menschen wird Dienst am Mann, und dieser Dienst wird für Isabel zu einem religiösen Akt. Wie sehr sich diese Ehe als eine

Art Gottes-Dienst vollzieht, wird sich später noch unverhüllter zeigen.

Am Dienstag, den 22. Januar 1861 verläßt Isabel die Londoner Wohnung ihrer Eltern. Sie trägt eine hellbraune Seidenkrinoline, einen schwarzen Spitzenmantel und eine weiße Haube. Sie fährt zur Bayrischen Kirche in der Warwick Street, wo Burton auf den Eingangsstufen auf sie wartet.

Nach der Zeremonie findet ein Lunch mit alten Freunden Richards statt, die offenbar alle bestrebt sind zu überprüfen, wie gut es um die Nerven der jungen Frau bestellt ist. Die Gespräche sind für eine Hochzeitsfeier reichlich ungewöhnlich. Dr. Bird beispielsweise fragt Burton, wie er sich gefühlt habe, als er sich in Indien gezwungen sah, einen Mann zu erschießen. Burton antwortet: »Ganz prächtig, Doktor, und Sie?«

Später sagt Robert zu Isabel: »Laß uns so tun, als seien wir schon seit Jahren verheiratet.« In der Dämmerung des Wintertages laufen sie beide zu Fuß zu Burtons Wohnung in St. James.

Am Abend schaut unerwartet noch ein Freund Richards herein, der sich offenbar nicht darüber im klaren ist, ein eben verheiratetes Paar vor sich zu haben. Burton drängt ihn, doch noch auf eine Zigarre zu bleiben. Isabel unterstützt ihren Mann lebhaft. Zu dritt verbringen sie den Abend.

Am Morgen des folgenden Tages schreibt Burton an Isabels Vater den folgenden Brief:

St. James's, 23. Januar 1861

Mein lieber Vater:

Indem ich Deine Tochter Isabel in der Warwick Street Kapelle und zuvor auf dem Standesamt geehelicht habe, habe ich mich des Verbrechens des Straßenraubes schuldig gemacht. Die Einzelheiten wird sie in einem Brief an ihre Mutter mitteilen. Mir bleibt nur zu sagen, daß ich keine Bindungen oder Liaisons irgendwelcher Art habe, daß die Hochzeit völlig legal und geziemend vor sich gegangen ist. Auf eine Mitgift für Isabel verzichte ich. Ich kann arbeiten und ich werde Sorge tragen, daß die Zeit erweist, daß Du diesen Schritt nicht bereuen mußt.

Ich bin

hochachtungsvoll Dein

Richard F. Burton

Isabels Vater, als ihm zugetragen wird, seine Tochter sei Burton in dessen Junggesellenwohnung in St. James gefolgt: »Sie hat Dick Burton geheiratet und dem Himmel sei Dank dafür.«
Die Mutter wird gegen die Ehe ihrer Tochter bis an ihr Sterbebett protestieren: »Dick Burton ist kein Verwandter von mir.«
Eine zeitgenössische Unterhaltungsschriftstellerin über Richard Burton: »Es sieht aus wie Othello und lebt wie die Drei Musketiere.«
Isabel ist hochgestimmt und dabei, wie häufig, etwas verschroben: »Ich habe es unternommen, einen sehr besonderen Mann zu heiraten.«
Aber auch sehr besondere Männer müssen von etwas leben. In der Indienarmee ist Richard nach Einsparungsmaßnahmen auf halben Sold gesetzt worden und wird bald endgültig entlassen werden. Die britische Regierung bietet ihm einen reichlich obskuren Konsulatsposten in San Fernando Po, an der Westküste Afrikas an. Das Klima dort ist mörderisch. Die Stelle wird allgemein »das Grab des Auswärtigen Amtes« genannt. Eine weiße Frau dorthin mitzunehmen, scheint völlig ausgeschlossen.
Im stillen mag Isabel revoltiert haben. Sie weiß, daß sie gesundheitlich weit widerstandsfähiger ist als Richard. Aber sie hat sich dazu entschlossen, eine gute Ehefrau zu sein, und deren Aufgabe ist es, daheim zu warten, zu beten und darauf zu hoffen, daß der Mann irgendwann einmal ruhmbedeckt heimkehren wird.
Sie fügt sich, schlüpft bei ihren Eltern unter, spart, betätigt sich als Richards Sprachrohr in der Londoner Gesellschaft. Was er aus San Fernando schreibt, zeigt, daß seine schlimmsten Erwartungen noch übertroffen worden sind: »Sie haben mich hierhergeschickt, damit ich ins Gras beiße, aber ich habe vor zu überleben... trotz alledem.«
Isabel antichambriert beim Auswärtigen Amt, setzt Himmel und Hölle in Bewegung, um ihrem Mann einen anderen Posten zu verschaffen. Als sein Buch über die Reise zu den Mormonen erscheint, gibt es einen Skandal. In dieser Schrift bricht Burton eine Lanze für die Polygamie. Polygamie, so sein Argument, und es gibt keine alten Jungfern mehr. Isabel verteidigt ihren Mann auch hier und setzt sich unbeirrt weiter für ihn ein:

Sie (die Regierung) versucht, ein Schreckgespenst aus ihm zu machen, und er kann sich nicht wehren, aber er ist nur mit *einer* Frau verheiratet. Er ist ein häuslicher Mensch, und er hat Heimweh.

Zwei Jahre vergehen mit langen Perioden der Trennung und kurzen Treffen auf Madeira. Burton stöhnt über seinen Posten, erfüllt aber seine Pflichten als Konsul mit strikter Disziplin. Wenn ihn Langeweile und Einsamkeit gar zu sehr schütteln, nimmt er Zuflucht zur Flasche. Der einzige einigermaßen interessante Auftrag führt ihn nach Dahomey. Er soll den dortigen König für England einnehmen, über Land und Leute berichten, wohl weil man sich in London darüber klar werden will, ob es sich lohnt, dieses Land zu annektieren.
Isabel bietet an, ihn zu begleiten. Sie möchte sich missionarisch betätigen, den Negern mit Vorträgen zu Laterna-magica-Bildern die frohe Botschaft des Christentums bringen, von der sie sich einen mildernden Einfluß auf die ›barbarischen‹ Sitten erhofft.
Einmal mehr sind seine Vorgesetzten schockiert und wahrscheinlich auch Isabel. Was er liefert, ist nämlich eine anthropologische Studie mit Ausführungen über die Psychologie von Amazonen, Daten über Aphrodisiaka, Prostitution, Beschreibungen über die Methoden der Abtreibung, Beschneidung, Entbindung. Obwohl die Amazonentruppe zur Keuschheit verpflichtet ist, sind zur Zeit seines Besuchs die meisten der 150 weiblichen Soldaten schwanger, was er als Beweis dafür anführt, daß Keuschheit in den Tropen kaum zu praktizieren sei.
Das alles liest Isabel erst später. Aber noch von unterwegs meldet ihr Ehemann, daß ihm als Adjudant eine dieser Amazonen beigegeben worden ist. Ihre Eifersucht beruhigt sich erst, als ihr Richard eine Skizze besagter Adjudantin schickt, die sich als ein fettes, wildes, abstoßend aussehendes Geschöpf entpuppt.

1864, während Burton einen Urlaub in England verbringt, kommt es zu einem unheimlichen Zwischenfall. Sein Streit mit Speke um den Ursprung des Nils hat in all den Jahren an Heftigkeit nur noch zugenommen. Nun will die *British Association for the Advancement of Sciences* in Bath ein Streitgespräch zwischen den beiden

Männern veranstalten. Alles ist vorbereitet. Burton steht auf der Bühne, vor dem Auditorium, wild entschlossen. Isabel, wie die Assistentin des Zauberers, ein paar Schritte hinter ihm.
Endlich wird er vor der wissenschaftlichen Welt klarstellen können, wie schurkisch Speke von jeher an ihm gehandelt hat. Plötzlich betritt ein Bote den Saal. Er kommt auf die Bühne und drückt Burton einen Zettel in die Hand. Burton wird bleich und geht ohne ein Wort der Erklärung hinaus. Speke ist das Opfer eines Jagdunfalls geworden. Aber das Getuschel will nicht verstummen, es sei Selbstmord gewesen, ein Selbstmord, für den man in gewissem Sinn Burton mit seinen Rachegelüsten die Schuld gibt.
Isabels Bemühungen zeitigen endlich einen gewissen Erfolg. 1865 wird Burton zum britischen Konsul in Santos ernannt, ein Posten, auf den ihm Isabel folgen kann. Es ist nicht die Wüste, nicht der Orient. Aber Isabel würgt ihre Frustrationen herunter und ist entschlossen, aus allem das Beste zu machen. Sie ist eifrig damit beschäftigt, portugiesisch zu lernen. In weiser Voraussicht der Insektenplage in Brasilien hat sie eiserne Betten gekauft. In Lissabon ist ihr einmal vor einer Küchenschabe von sechs Zentimetern Länge angst und bange geworden. Richard hat zynisch zu ihr gesagt: »Du siehst reizend aus, wie du da auf dem Stuhl stehst und dieses unschuldige Geschöpf anheulst.«
Verglichen mit der Insektenplage in Brasilien ist das, was sie in Portugal erlebt hat, eine Lappalie. Es gibt Spinnen von der Größe eines Suppentellers, und was die Tropenkrankheiten angeht, gegen die man sich zu dieser Zeit ja kaum durch Medikamente oder Impfungen schützen kann, so sind die Verhältnisse eher noch schlimmer als in Afrika.
Ihre neue Heimat ist eine dampfende, blitzende Landschaft, wo zankende Papageien durch einen alles überwuchernden Wald flattern. Es ist eine sich auflösende Gesellschaft, in der viele schon zum Frühstück Schnaps trinken, in der sich niemand darüber aufregt, wenn man einen aufsässigen Sklaven auf dem Hausdach festbindet oder ihn gefesselt in einen Ameisenhaufen wirft.
Isabel wird die Anpassung nicht leicht. Es gibt Cholera und die weniger gefährlichen, aber doch unangenehmen Fieberanfälle. Sie

übersteht sie, indem sie braunes Bier trinkt. Sie packt die zahllosen Gepäckstücke, die sie aus England mitgebracht haben, aus, bringt das Haus in Ordnung und gibt mit großem Erfolg ihre erste Dinner-Party.
Der Kaiser von Brasilien sieht in dem britischen Konsul und seiner Frau eine ausgesprochene Bereicherung der gesellschaftlichen Szene. Richard begeistert die Leute durch seine zynisch-witzige Art, Konversation zu machen. Die brasilianischen Frauen staunen, wie die elegant gekleidete Engländerin ihre Röcke rafft und barfuß durch die Bäche watet, wie sie Schlangen in Flaschen fängt, eine halbverfallene Ruine wieder herrichtet und ausmalt. Sie bringt sich selbst das Fechten bei, macht Gymnastik, nimmt kalte Bäder, geht zur Messe und auf den Markt. Sie hilft Richard bei den Fahnenkorrekturen seiner Bücher oder bei den unvermeidlichen Berichten an das Foreign Office, die sie ins Reine schreibt.
»Zweiunddreißig Seiten Bericht über den Baumwollmarkt, einhundertfünfundzwanzig Seiten Geographischer Bericht, achtzig Seiten Allgemeiner Handelsbericht ... dies ist für Lord Stanley, deshalb tue ich es auch gern«, schreibt sie heim. In Wirklichkeit ist alles, was sie tut, für Richard.
Ein Gedanke, der weder im Tagebuch noch in Briefen auftaucht, muß ihr dennoch hin und wieder gekommen sein. Der Gedanke, daß in Wahrheit das Amt eines Konsuls von ihr ausgeübt wird. Gut ausgeübt. Wenn eine Frau heimlich all diese Arbeit machen kann – warum kann sie dann nicht auch tatsächlich Konsul werden?
Allmählich schleicht sich Traurigkeit in die Briefe nach Hause. Es wird etwas spürbar von der gewaltigen Einsamkeit hinter all dem Mut und der Entschlossenheit, mit der sie dem Leben immer ins Gesicht sieht.
Richard betätigt sich wieder einmal als Abenteurer und Entdekker. Er entwindet sich den bürokratischen Arbeiten, die sein Amt mit sich bringt, verschwindet auf Forschungsreise. Auf Isabels Kosten. Sie sorgt dafür, daß die Fassade gewahrt bleibt, sowohl gegenüber dem Auswärtigen Amt wie auch gegenüber den Mitgliedern der ›besseren Kreise‹, deren Ehrenkodex und Snobismus sie reizen.

Ich denke oft, eine Parvenue- oder eine Halbblutfrau würde explodieren, wenn sie so leben müßte, wie ich lebe... das Gesicht wahren, gegen die Fieberanfälle ankämpfen, mit den Insekten fertig werden, mit Richard, mit allem...

Oder auch:

Ich hasse Santos, das Klima ist viehisch, die Leute sind Waschlappen, der Gestank, das Ungeziefer, das Essen, die Nigger – das gehört alles zusammen. Nicht mal spazieren gehen kann ich. Wenn ich in die eine Richtung gehe, versinke ich in knietiefen Mangroven-Sümpfen, geht man in die andere Richtung, kommt man über und über bedeckt mit Sandflöhen heim.

Richard reagiert auf alle Schwierigkeiten, indem er sich zurückzieht, absondert oder in die Ferne flieht. Er speist mit Kapuzinermönchen und diskutiert mit ihnen Metaphysik und Astronomie. Er studiert systematisch Astronomie und Mathematik.
All die Enttäuschungen der zurückliegenden Jahre haben seine Nerven ruiniert. Seine Gesundheit ist nicht mehr die beste. Zwanzig Jahre hat er mit seiner Physis Raubbau getrieben. Nun werden die Folgen sichtbar. Dennoch veschwindet er immer wieder in die Pampas, in die Gebirge, in den Urwald, und Isabel muß sich mit kleineren Expeditionen trösten.
Obwohl von unerschrockenem Wesen, gibt es Schrecken, die ihr solche Abwechslungen verderben können. Die riesigen, behaarten Spinnen. Giftschlangen. Die Gefahr, sich mit Lepra zu infizieren. In einem Gasthaus wagt sie es nie, in einem Bett zu schlafen, sondern legt sich auf den Boden oder in ihre mitgebrachte Hängematte. Das alles nimmt sie in Kauf.
Obwohl Richard sich kaum um sie kümmert, wäre ohne ihn ein so abenteuerliches Leben für sie kaum denkbar gewesen. Aber wäre irgendeine andere Frau dazu bereit gewesen, Burton jenes Maß an Loyalität entgegenzubringen, das Isabel aufbrachte?
Sie muß sich damit zufrieden geben, am Rand seines Lebens zu existieren. Sie lebt für ihn, aber er nicht für sie. Sie ist dazu da, die praktische Seite ihrer beider Leben zu balanzieren. Allmählich nimmt sie die schattenhafte Unterwürfigkeit einer orientalischen

Frau an. Richards Ideal. Von ihrem eigenen Temperament her liegt ihr das ganz und gar nicht. Sie ist stolz, unabhängig, selbständig. Während sie sich früher um diese Eigenschaften bemühte und sie jetzt, zur Bewältigung ihrer Lebensbedingungen, gut gebrauchen kann, geht sie gleichzeitig dagegen an: für eine Frau kommen sie nicht in Frage. Ihre Aufgabe ist es, geduldig dienend dazu beizutragen, daß sich der Mann den Luxus solcher Ideale leisten kann.
Im Herbst 1867 ergibt sich durch Burtons unbezwingbare Wanderlust und seinen rücksichtslosen Egoismus eine nahezu unglaubliche Situation. Mehr als vier Monate ist er fort, ohne Isabel irgendeine Nachricht zukommen zu lassen.
Getreu der von ihr selbst aufgestellten Regel, ein Mann müsse sich darauf verlassen können, daß bei längerer Abwesenheit zu Haus sein anderes Ich walte, ist sie in dieser Zeit der Konsul Ihrer Majestät in Santos.
Kein Wort der Klage über die Schwierigkeiten und Belastungen geht später in ihre Memoiren ein. Keine Kunde über die tatsächlichen Zustände auf dem Konsulat in Santos dringt bis ins Auswärtige Amt. Schwieriger zu täuschen als Ministerialbeamte im fernen London ist die weiße Kolonie von Santos, aber auch das schafft Isabel.
In diesen Jahren trifft Wilfred Blunt, selbst Konsul und literarisch tätig, mit Burton in Südamerika zusammen. Blunt ist zwanzig Jahre jünger als Burton, und unter seiner Generation ist »ruffian Dick«, wie Richard genannt wird, schon zur Legende geworden. Um so größer ist Blunts Bestürzung, nun einem ausgebrannten, ständig Brandy trinkenden Mann zu begegnen:

Burton war zu dieser Zeit auf einem Tiefpunkt. In Kleidung und äußerer Erscheinung kam er mir vor wie ein entlassener Sträfling. Ein andermal erinnerte er mich an einen schwarzen Panther, den man eingesperrt hat und der dennoch ungezähmt geblieben ist, wieder andermal mußte ich an diese wundervollste Schöpfung Balsacs denken, an Vautrin, der seine grimmige Identität als Exgaleerensträfling unter der Kutte eines Abbé verbirgt.
Er trug gewöhnlich einen schmutzigen schwarzen Anzug, zerknitterte schwarze Hosen und um den Hals keinen Kragen, ein Kostüm,

das bei seinen Muskeln und seinem gewaltigen Brustkorb einzigartig komisch wirkte. Ich habe nie jemanden mit einem so düsteren Gesicht gesehen, dunkel, grausam, mißtrauisch, mit Augen wie die eines wilden Tieres. Aber dieser wildwütige Gesichtsausdruck wich manchmal etwas anderem. Und ich kann die schon überschwengliche Vorliebe seiner Frau verstehen. Trotz seiner Häßlichkeit war er einer der schönsten Männer, die es gibt.

Als Richard länger als gewöhnlich ausbleibt, wird Isabel nun doch unruhig. Sie fährt hinunter an die Küste und paßt die wenigen Dampfer ab, die von Bahia herüberkommen. Burton ist nie unter den Passagieren. Sie fürchtet das Schlimmste. Ist er krank? Hält man ihn gefangen, um ein Lösegeld zu erpressen? Er trägt immer gigantische Summen lose in der Tasche mit sich herum, und meist hängen die Scheine bei ihm auch noch aus der Hosentasche heraus. Sie ist entschlossen, in die Wildnis aufzubrechen und nach ihm zu suchen.

Angst habe ich höchsten vor wilden Indianern, Fieber, Schmerzen und tückischen Fischen. Aber denen kann man ja aus dem Weg gehen. Andere Gefahren gibt es nicht.

Endlich taucht Richard auf. Er ist an Bord des einzigen Trampdampfers gewesen, zu dessen Ankunft sie einmal nicht zum Hafen gegangen ist. Er ist tief beleidigt, daß sie ihn nicht abgeholt hat. Einige Wochen später bricht er mit einer gefährlichen Lebererkrankung zusammen. Er hat hohes Fieber, phantasiert. Isabel pflegt ihn hingebungsvoll. Nach Hause schreibt sie:

Solange man in diesem Land gesund bleibt, ist alles in Ordnung, aber wehe, man wird krank. Sobald man länger zum Liegen kommt, ist man auch schon gestorben. Ich habe Richard durchgebracht, indem ich ihn acht Wochen nicht aus den Augen ließ... Er sieht jetzt aus wie ein Sechzigjähriger, und ich fürchte, seine Lungen kommen nie mehr ganz in Ordnung.

Daß es ihr selbst gesundheitlich schlecht geht, verschweigt sie und hält das auch vor Richard geheim. Sie hofft, er werde nun das

Reisen endlich aufgeben. Er verspricht es, aber solche Versprechungen sind bei ihm null und nichtig. Noch im Delirium plant er schon wieder eine Reise, den Rio de la Plata hinunter, durch Paraguay. Kaum ist er wieder einigermaßen auf den Beinen, da terrorisiert er Isabel mit einem neuen Plan. Dieser Posten ist ein totes Gleis, er kommt hier ohnehin nicht weiter und könnte doch seinen Abschied nehmen. Nein? Dann vielleicht wenigstens um Krankenurlaub einkommen und in dieser Zeit eine Reise quer durch die Anden machen, nach Chile und Peru. Von unterwegs einen Bericht über den Krieg in Paraguay schicken.
Isabel kann ihm seine Reisepläne nicht ausreden. Sie wird nach London zurückkehren. Sie wird antichambrieren, damit er einen besseren Posten bekommt.

Diesmal hat Richard Burton Glück. Es gibt Menschen, die immer Pech haben. Eigentlich gehört er mehr zu dieser Sorte. Und halb hat er sich schon damit abgefunden. Aber Isabels Auftritt auf gewissen Gesellschaften, in gewissen Büros des Foreign Office haben das Wunder bewirkt. Er bekommt den Konsulatsposten in Damaskus. Ein Traumjob für einen Orientalisten. Aber kaum, daß Isabel und er die erste elektrisierende Freude über diese Nachricht recht genossen haben, folgen auch schon die ersten »wenn« und »aber« nach. Es gibt Leute, die seine Sünden aus der Vergangenheit hervorkramen. Wie war das mit dem Bericht über die Bordells in Indien, wie war das mit der Adjutantin aus dem Amazonenheer, wie war das mit seinem Eintreten für die Vielweiberei? Andere Leute gehen sachlicher vor. Sie kritisieren, daß man ausgerechnet einen Agnostiker ins Heilige Land schicken will.
Kaum ist die Ernennung ausgesprochen, da tritt die Regierung zurück. Der neue Außenminister, Lord Clarendon, gehört zu den Leuten, die Burton ablehnen. Er erklärt Burton ins Gesicht, daß er die Entscheidung seines Vorgängers für unklug findet. Damit er sie nicht widerruft, muß Burton versprechen, besonders vorsichtig zu sein.

Es ist immer dasselbe: Puritaner, Heuchler, Neider, Dummköpfe.

They eat and drink and scheme and plod
They go to church on sunday
And many are afraid of God
And more of Mrs. Grundy*

Im Sommer 1869 kommen die Burtons schließlich doch nach Syrien, das damals zum osmanischen Reich gehörte. Richard lebt auf. Endlich ist er wieder im Osten, den er bewundert, dem er sich zugehörig fühlt.

Er war das einzigartige Beispiel eines Menschen, der nicht als Moslem geboren wurde, die Pilgerreise nach Mekka unternahm und danach mit den Moslems in Freundschaft lebte. Sie betrachteten ihn als persona grata, als jemand, der zivilisierter war als die meisten ›Franken‹, die sie kannten. Sie nannten ihn Haji Abdullah und behandelten ihn als einen der ihren.

Die Burtons finden ein Haus außerhalb der Stadt im kurdischen Bergdorf von Salahiyyeh. An den Mauern Kaskaden von Rosen und wildem Wein. In einem Innenhof sprudelt eine Quelle. In unmittelbarer Nachbarschaft liegt eine Moschee, und mit der leisen Brise vom Gebirge wehen die Gesänge des Muezzin durch die Fenster herein. Bald stehen zwölf Pferde im Stall. Es gibt eine große Anzahl ziemlich verwöhnter arabischer Diener und eine Sammlung adoptierter Haustiere, die von einem Leoparden bis zu Lämmern reichte. Isabel kann es einfach nicht mit ansehen, wieviele Tiere im Orient dem Verhungern und elenden Dahinsiechen überlassen bleiben. Sie nimmt sie mit heim, füttert sie, pflegt sie.
Richard und Isabel stürzen sich in das gesellschaftliche Leben von Damaskus, geben einen Begrüßungsempfang, bei dem jede Nation und Rasse willkommen ist. Tag und Nacht sind sie zu

* Übersetzung dieses Gedichts von Burton in etwa: Sie essen und trinken, intrigieren und rackern sich ab. Sie gehen am Sonntag zur Kirche. Sie fürchten Gott, aber mehr noch Mrs. Grundy (die Burton als die Personifizierung viktorianischer »Moral« und Engstirnigkeit hinstellt.)

Ausflügen in die Wüste unterwegs. Sie erforschen das Land, besuchen Wüstenscheichs, die Ruinen von Palmyra oder die Kirchen von Jerusalem.
Zu ihren engsten Freunden gehört bald der alte algerische Krieger Abd El Kadir, der nun nach Jahren der Ehrenhaft frei in Damaskus lebt. Er hat in seinen großen Zeiten ein halbes Dutzend französischer Generäle in Schach gehalten. Als er schließlich besiegt worden ist, hat man ihn großzügig behandelt. 1857 hat Napoleon ihn freigelassen und eine Jahresrente von viertausend Pfund ausgesetzt, von der er in Damaskus im Exil lebt. Im Laufe der Zeit beginnt er sich in einen zuverlässigen Bundesgenossen der Franzosen zu verwandeln. Nach seinem Eintreten für die christlichen Maronniten erhält er 1860 das Großkreuz der Ehrenlegion. Als er während des Deutsch-Französischen Krieges hört, daß sein Sohn einen Aufstand in Algerien plant, pfeift er ihn zurück.
Zu dem Zeitpunkt, da die Burtons ihn kennenlernen, ist er vierundsechzig Jahre alt. Sein Bart und seine Augenbrauen sind geschwärzt, die Wangen mit Rouge bestrichen. Er studiert Magie und unterbricht seine Studien, um Isabel und Richard, wenn sie ihn besuchen kommen, ein Glas Tee servieren zu lassen.
Endlose Nachtgespräche führen Isabel und Richard mit Abd El Kadir und seiner aus England stammenden Frau, Lady Ellenborough. Es ist wahrscheinlich, daß Burton seine besonders intimen Kenntnisse des Haremslebens, die später in seine Notizen zu Tausendundeine Nacht eingehen, in diesen Gesprächen erwirbt. Isabel, die arabisch erst lernt, hängt an den Lippen dieser Besucher, kocht Kaffee, füllt die Wasserpfeifen.
In ihrem Tagebuch steht: »Unser Leben war heilig, ernst und wild.«
Wild ist vor allem Richards Leben, denn er kehrt nun wieder zu seinen alten Gewohnheiten zurück, sich zu verkleiden und durch die Basaars und Moscheen zu schlendern. Immer mehr verwandelt er sich in einen Orientalen, ergreift Partei gegen die Europäer.
Manchmal geht auch Isabel in orientalischen Kleidern hinunter nach Damaskus. Sie ist jetzt vierzig, wirkt schon ziemlich matronenhaft. Wenn sie in die Wüste reist, trägt sie syrische

Männerkleidung: Pluderhosen und Burnus. Manchmal hält man sie für Richards Sohn. Die zwei Jahre in Damaskus sind für die beiden die Zeit ihres größten Glücks. Aber leicht hat es Isabel auch hier nicht.

Ich will es alles freudig tragen, als eine Sühne, um Richard zu retten... Ich muß Schwierigkeiten und Schmerz mit Mut, ja sogar begierig aushalten. Da ich mich so sehr nach dieser Mission gedrängt habe, nämlich *nichts anderes zu sein als Richards Frau*, darf ich nie vergessen, um Demut zu bitten, all die Anforderungen, die sich daraus ergeben, geduldig zu ertragen.

Richard und Isabel haben keine Kinder. In ihrem Buch *Lamed* schreibt sie 1864: »Alles ist mit Gottes Hilfe so gekommen« (wie sie es sich vor ihrer Eheschließung vorgenommen hat) »mit der einen Ausnahme, daß Er es als nicht gut ansah, uns mit Kindern zu segnen, wofür wir ihm nun äußerst dankbar sind.«
Gegenüber Freunden äußert sie:

Ich habe zwölf Neffen und Nichten, fünf Jungen und sieben Mädchen. Das reicht doch wohl hin. Gott sei Dank haben wir keine Kinder.

Was Richard angeht, so kann man nicht so sicher sein, ob er diesen Standpunkt geteilt hat. Es gibt Biografen, die berichten, er habe bedauert, daß seine Ehe ohne Kinder geblieben sei. Er liebte Kinder, und da er sicher sein konnte, daß er von allen Mühen und Schwierigkeiten der Kinderaufzucht unbehelligt bleiben würde, hat er sich gewiß auch eigene Kinder gewünscht.
Ihre Kinderlosigkeit bezieht sie, ob sie sich dieser Tatsache bewußt gewesen sind oder nicht, nur noch stärker aufeinander. Von daher sind Isabels Äußerungen durchaus glaubwürdig.
Richard hat die Hätschelliebe, in die sich Isabels bewundernde Zuneigung nun mehr und mehr verwandelt, gerne hingenommen. Natürlich kann man sagen, er habe Isabel ausgenutzt. Aber die Stilisierung, die Isabel ihrer Liebe gibt, die Überhöhung und Steigerung zu einer Supermythe der Ehe, der sie gerecht zu werden versucht, lädt zu einem solchen Verhalten geradezu ein.

Burtons Abenteuerlust, sein Unwille sich anzupassen, die Normen und Umgangsformen der viktorianischen Gesellschaft zu akzeptieren, haben über Jahre hin für Isabel die Konsequenz gehabt, daß sie entweder von dem geliebten Mann getrennt war oder sie Schmähungen über Richard mit anhören mußte. Da sie für ihn werben, ihn verteidigen mußte, konnte sie nicht auf der Stelle das Zimmer verlassen, wenn ein böses Wort gegen ihn fiel, wie sie sich das vorgenommen hatte. All dies ist nicht spurlos an ihr vorübergegangen. Langsam wächst ihr Widerstand gegenüber neuen Abenteuern, realen wie geistigen, die für Richard Lebenselixier sind.

Einmal schreibt sie: »Ich habe Richard ein bißchen gezähmt!« Stimmt das tatsächlich? Ist es nicht vielmehr so, daß ihn seine Enttäuschungen zähmten? Den großen Traum seines Lebens, sich in einen Orientalen zu verwandeln, hat er nicht verwirklichen können. Isabel aber spürt immer häufiger eine Furcht in sich aufsteigen. Alle Opfer, alle Anstrengungen, eine musterhafte Ehefrau zu sein, sind umsonst gewesen, wenn ihr eines nicht gelingt: den geliebten Mann zum Katholizismus zu bekehren.

Ob und was Richard glaubt, darüber verweigert er selbst gegenüber seiner Ehefrau die Auskunft. Er verbirgt seine Meinung hinter zynischen Bemerkungen, läßt sich höchstens einmal zu dem Eingeständnis verleiten, daß ihm dies oder jenes am Ritual des katholischen Gottesdienstes ästhetisch eindrucksvoll erscheine. Dies sind seine einzigen Zugeständnisse gegenüber den immer dringlicher werdenden Werbungsversuchen Isabels, er möge sich doch offiziell zum Katholizismus bekehren. Sehr direkt und in einer naiven Gläubigkeit, die auch für einen Ungläubigen etwas Rührendes hat, fürchtet sie, über Richards Seele könne nach dem Tod »Er ist gerichtet« statt »Er ist gerettet« gesprochen werden.

Ein Leben nach dem Tod ist für Isabel Realität. Ein ewiges Leben in Himmel oder Hölle. Sie muß ihren Mann vor der ewigen Verdammnis bewahren – und sie will nicht allein sein in diesem nachirdischen Raum. Sie will Richard bei sich wissen, über den Tod hinaus.

Obwohl sich in Isabels Schriften – außer einer Biografie über ihren Mann hat sie zwei recht ungewöhnliche Reisebücher veröffentlicht – gewisse Sticheleien gegen die Feministinnen ihrer Zeit finden, hat sie in ihrem privaten Bereich dennoch Vorstöße zu einer Gleichberechtigung von Mann und Frau unternommen. So, wenn sie sah, daß die Araber, die in ihr Haus zu Gast kamen, ihre Frauen wie Luft, bestenfalls noch wie Sklavinnen behandelten. Sie bot den Frauen einen Stuhl an und erwartete von den arabischen Männern, daß sie Kaffee und Kuchen auch an sie weiterreichten, was unter Arabern nicht üblich war. »Bitte, bringen Sie unseren Frauen nicht Dinge bei, die sie nicht kennen und sie nur verwirren«, soll ein Scheich ihr gesagt haben, worauf er, gefolgt von seinem Harem, das Haus der Burtons verließ.
Sie hat es durchgesetzt, bei den Divans, den Abendgesellschaften der Männer, bei denen sonst nie eine andere Frau zugelassen war, mit dabei zu sein. »Dieses Privileg wurde mir eingeräumt«, schreibt sie, »weil mein Ehemann von den Moslems als einer der ihren betrachtet wird.«
Während ihres Aufenthalts in Damaskus schreibt Isabel das Buch *The Inner Life of Syria, Palestine and the Holy Land*, das 1875 in London verlegt wird. Es ist, ganz wie der Titel verheißt, der Reisebericht eines ›insiders‹. Bis dann im 17. Kapitel ein Traum geschildert wird, der deutlich macht, wie sehr sich das Zusammenleben mit Richard auf Isabels Seite in einen religiösen Akt verwandelt hat und wie sie, in diesem Sinne, mit Hilfe Gottes und der Königin die Welt zu ordnen gedenkt: Sie befindet sich auf einem Ausflug zu den Höhlen von Magharat el Kotn. Es ist die Fastenzeit vor Ostern. Hinabschauend auf die heilige Stadt Jerusalem schläft Isabel ein. Im Traum begegnet sie ihrem Schutzengel, der sie vor Gottes Thron führt. Gleich einem Märchenfürsten ist Gott, der Allmächtige, bereit, ihr einen Wunsch zu erfüllen.
Geleitet von einem anderen Engel gelangt sie in den Thronsaal der Königin Victoria, die ihrerseits etwas erhöht über der restlichen königlichen Familie thront. Unter den Kronjuwelen, die Victoria trägt, funkelt auch der berühmt-berüchtigte Koh-i-noor. Ihn ersetzt Isabel durch einen Stern. Doch da der Stern metaphysi-

scher Machart ist, kann ihn die Königin nicht sehen. Sie fragt Isabel sehr irdisch: »Warum hast du meine Krone des schönsten Kleinods beraubt?« Worauf Isabel ihr erklärt, der aus Indien stammende Stein werde ihr und ihren Nachfolgern doch nur Unglück bringen. Auf die Frage, was denn Isabel mit dem Koh-i-noor nun vorhabe, antwortet diese: »Madame, den werde ich dem mächtigsten Rivalen Eurer Majestät schenken.«

Aber es kommt noch besser.

Nach einigen Nadelstichen gegen die müßiggängerische Aristokratie, Avancen gegenüber der Konservativen Partei, der Empfehlung, Tierquälern mit strengen Gesetzen das Handwerk zu legen, nach einer Kritik an Mrs. Grundy, der Inkarnation englischen Spießertums – Isabel läßt sie mit näselnder Stimme Bibelsprüche rezitieren und sich dabei selbstgefällig die Hände reiben –, nach Nasenstübern, die sie an kleine und große Feinde austeilt, kommt Isabel direkt auf Richard zu sprechen.

»Madame«, bekennt sie, »das ist nicht ein Mann wie andere Männer… ich bin es nicht wert, ihm auch nur die Schuhe zu binden. 32 Jahre ist er rastlos Minute für Minute für England und für Eure Majestät tätig gewesen… andere stehen oben auf der Leiter des Erfolgs, werden geehrt, ihn aber hat ein widriges Geschick um den Lohn für all seine Verdienste betrogen. Nie ist er aufgerückt. Nie ist er geehrt worden.«

So über die Mißstände im Laufbahnwesen ihres Auswärtigen Amtes ins Bild gesetzt, kann die Königin, die ja eine gute und gnädige Königin ist, nun nicht umhin, Isabel aufzufordern: »Erzähl mir von der Karriere deines Ehemannes.«

Und nun wird ausgepackt. Das Denkmal eines Halbgottes wird enthüllt. Sechzig Jahre seiner Zeit voraus. Grundehrlich. So gescheit. Weitschauend. Allseitig begabt. Von echtem Schrot und Korn. Verkannt im eigenen Land. Geehrt, berühmt, gerecht eingeschätzt nur in der Fremde.

Und der Wunsch, die Bitte?

Ehre wem Ehre gebührt! Das Amt eines Sonderbotschafters für den Nahen Osten, ein Ehrenrang in der Armee.

»Bewilligt, meine Beste, bewilligt.«

Aber noch ist der Traum nicht aus. Von der Königin Victoria reist

Isabel mit ihrem Schutzengel weiter nach Rom, zum Heiligen Stuhl. Der Papst braucht nicht erst ins Bild gesetzt zu werden, was Richards Verdienste angeht. Er weiß Bescheid und spendet sofort für den Abwesenden seinen Segen, nennt Richard »einen, den Gott erwählt hat!« Auch für Isabel hat der Heilige Vater einen Trost bereit: »Meine Tochter, warum grämst du dich, daß dein Mann übergangen wird, wenn irdische Ehren vergeben werden. So ist es Gottes Wille. Er hat noch Großes mit ihm vor.«
Wo, wird nicht gesagt, aber da der Papst Isabel ja nahelegt, über mangelnden Ruhm in dieser Welt sich einfach hinwegzusetzen, kann plausiblerweise nur das Jenseits gemeint sein.
Der Kitsch dieses Traums, dieses selbstgeschaffenen Märchens ist fast unerträglich, und doch zeigt sich auch hier die Energie und Courage Isabels, mit der sie sich für Richard einsetzt. Und auch ihre Selbstaufgabe. Eigene Wünsche hat sie nicht mehr, nicht einmal im Traum. Fixiert auf ihren Richard, ist es ihr einziger Wunsch, ihm jene Anerkennung zu verschaffen, die ihm ihrer Meinung nach zusteht, ihn vor Gott und der Welt auserwählt zu wissen.

Bei Juden und Christen spricht sich herum, daß Richard Burtons Sympathien den Arabern gelten. Aber auch den Türken wird er suspekt. Schuld daran sind seine Integrität und eine fatale Schwäche dafür, sich in Angelegenheiten der lokalen Verwaltung einzumischen. Vor allem nimmt es ihm der höchste türkische Verwaltungsbeamte, Generalgouverneur Wali Rashid Oascha übel, daß er sich gegen jegliche Art von Bestechung als immun erweist.
Ein anderer kritischer Punkt ist sein Vorgehen gegen jüdische Bankiers, die von syrischen Arabern mehr als 60 Prozent Zinsen verlangen und die versuchen, ihn, als den englischen Konsul, dazu einzuspannen, Forderungen für sie eintreiben zu lassen. Burton weigert sich, schreibt einen Beschwerdebrief nach London und verlangt, das Auswärtige Amt solle seine Haltung unterstützen. Aber der Einfluß syrischer Bankiers und ihre Kontakte zu den großen jüdischen Bankhäusern in Europa erweisen sich als stärker.

Burton läßt zwei jüdische Jugendliche einsperren, weil sie Kreuze auf die Stadtmauer gemalt haben. Er rechtfertigt diese Entscheidung damit, daß solche Kritzeleien oft zum Ausbruch einer Christenverfolgung geführt haben. Er legt sich aber auch mit den Drusen an und verhängt, weil zwei englische Missionare, die durch drusisches Territorium gereist sind, angegriffen werden, eine Strafe, die der Generalkonsul in Beirut eintreiben soll.
Daß sich Richard Burton aus Gerechtigkeitssinn zu wenig diplomatischen Entscheidungen verleiten läßt, ohne Ansehen, welche nationale oder konfessionelle Gruppe davon betroffen ist, ergibt immer neue Konflikte. Kaum hat er die Mohammedaner gegen sich aufgebracht, weil er sich für christliche Missionare einsetzte, da meinen eben diese Missionare, Grund zu Klagen über ihn zu haben: Er verwarnt einen Pfarrer Mott und dessen Frau Augusta, die als Inspektorin aller britischen Schulen in Syrien tätig ist. Er fordert sie auf, bei ihrer Missionstätigkeit in Zukunft taktvoller zu verfahren und zwingt sie endlich, aus der explosiven Atmosphäre in Damaskus nach Beirut überzusiedeln. »Wollen Sie hier umkommen?« fährt er Mott an, worauf dieser erwidert: »Ich würde mit Freuden das Martyrium erleiden.«
Und dann der Zwischenfall bei Nazareth.
Die Burtons kampieren nicht weit von der griechisch-orthodoxen Kirche entfernt. Bei Einbruch der Dunkelheit überraschen ihre Diener einen Kopten, der offensichtlich danach Ausschau hält, ob er nicht aus Isabels Zelt etwas mitgehen lassen könne. Der Dragoman befiehlt dem Kopten, sich zum Teufel zu scheren. Der Mann gibt Widerrede und beginnt mit Steinen zu werfen. Der Dragoman schickt sich an, ihn zu verprügeln. In diesem Moment kommt eine Gruppe von Griechen aus der Kirche. Sie ergreifen die Partei des Kopten. Richard Burton und ein anderer Weißer werden auf den Tumult aufmerksam. Sie kommen angelaufen und versuchen, die Griechen zu beruhigen. Aber die heben Steine auf, und ein reicher Grieche ruft: »Schlagt sie alle tot. Ich zahle das Blutgeld gern.«
Einer von Burtons Reitknechten antwortet: »Schande über euch! Dies ist der britische Konsul von Damaskus.«
Darauf wieder der Grieche: »Um so besser.«

Isabel kommt aus dem Zelt und sieht Burton ruhig dastehen. Er läßt sich nicht provozieren, obwohl er mehrfach von Steinen getroffen wird. Sie rennt ins Zelt zurück und kommt mit mehreren geladenen Revolvern wieder. »Ich blieb nahe bei ihm, um ihn fortzutragen, falls er verwundet werden sollte«, heißt es mit der ihr eigenen Naivität im Tagebuch. Und weiter: »Ich steckte die Revolver in meinen Gürtel und war entschlossen, zwölf Leben zu nehmen, falls er getötet werden sollte.«

Die Lage spitzt sich weiter zu. Immer mehr Griechen laufen zusammen, Burton zieht seinen Revolver und gibt einen Warnschuß in die Luft ab. Isabel rennt zu einem nahegelegenen Lagerplatz anderer Europäer, um Unterstützung zu holen. Als die Griechen bemerken, daß Verstärkung im Anmarsch ist, fliehen sie.

Isabel führt als Ursache für die feindselige Haltung der Griechen an, der griechisch-orthodoxe Bischof von Nazareth, der den Juden einen Friedhof und eine Synagoge fortgenommen hat, habe einen Groll gegen ihren Ehemann gehabt, weil er gegen diese Behandlung der Juden protestierte.

Das mag stimmen. Aber nicht ihrer Version glaubt man, sondern der des Bischofs, dessen Protest bei der britischen Regierung vor Richard Burtons Bericht beim Auswärtigen Amt eingeht.

Schließlich jenes Ereignis, das das Faß zum Überlaufen bringt:

Die Shazlis sind eine islamische Sekte. Ihre mystischen Erfahrungen und Rituale haben Richard angelockt. Er hat an ihren Versammlungen verkleidet teilgenommen. Dies wiederum ist den Spionen des türkischen Generalgouverneurs Wali Pascha nicht verborgen geblieben. Sie vermuten politische Agitation. Wollen die Briten, indem sie Unruheherde schaffen, etwa Syrien an sich bringen?

Während einer der Zusammenkünfte hat ein Mitglied der Sekte eine Vision. Er behauptet, einen Mann zu sehen, der ihn und seine Glaubensbrüder auf den wahren Pfad der Erleuchtung und in den Himmel führen wird. Der in der Vision sich Ankündigende wird bald darauf als der Mönch Emanuel Forner, der in einem nahegelegenen Kloster wohnt, identifiziert. Forner ist der Beichtvater Isabels.

Isabel glaubt an Wunder. Sie überhäuft die Shazlis mit Kruzifixen und Rosenkränzen und erklärt, sie wolle Taufpatin der 2000 Sektenmitglieder werden, die im Begriff stehen, zum Christentum überzutreten. Burton, den mystische Vorgänge von jeher als Beobachtungsgegenstand interessiert haben, verbringt viel Zeit bei der Sekte. Die Moslems fürchten, das Verhalten der Shazlis könne Schule machen. Wali Pascha wiederum befürchtet politische Konsequenzen. Er läßt kurzerhand eine ganze Anzahl Anhänger der Sekte einsperren und konfisziert ihren Besitz. Jetzt wird wieder Burtons ausgeprägter Gerechtigkeitssinn wach. Immer während seiner Amtszeit in Damaskus hat er sich für verfolgte und bedrängte Außenseiter oder Minderheiten eingesetzt.

Die Boten des Pascha, die ihn mit Bestechungsgeldern veranlassen wollen, sich den Standpunkt ihres Herrn zu eigen zu machen, setzt er vor die Tür und stellt sich mit der Autorität als Konsul Ihrer Majestät vor die verfolgten Sektenmitglieder.

Seine Handlungsweise verdient Achtung, aber als Vertreter der britischen Interessen war sein Vorgehen, gelinde gesagt, ungeschickt. Diesmal fackelt das Foreign Office in London nicht lange. Es forderte den britischen Gesandten in Konstantinopel, Sir Henry Elliot auf, der türkischen Regierung mitzuteilen, daß man den englischen Konsul in Damaskus abberufen werde.

Zum neuen Konsul wird der bisherige Vizekonsul in Beirut, Thomas Jago, ernannt, der sich sofort zu seinem neuen Amtssitze auf den Weg macht. Am 16. August – die Burtons verbringen einen kurzen Urlaub in dem Gebirgsort Bludan – trifft in ihrem Haus im Antilibanon ein Bote von Jago ein. Jago läßt ausrichten, daß er vor 48 Stunden auf Weisung des Generalkonsuls in Beirut die Amtsgeschäfte in Damaskus aufgenommen habe. Burton jagt wütend hinunter in die Stadt. Am anderen Morgen erhält Isabel von ihm folgende Nachricht: »Reg Dich nicht auf. Bin abberufen. Zahle, packe und komme nach, ohne Dich zu eilen!«

Es ist keineswegs so, daß alle Araber über Richards Entlassung Schadenfreude empfinden. Viele einflußreiche Freunde kommen zu Isabel und bieten ihr an, gegen Burtons Feinde loszuschlagen. Auch ein Jude erscheint und erklärt, er sei bereit, jeden beseitigen

zu lassen, dessen Namen sie ihm als Drahtzieher nennt. In ihrem Tagebuch wird deutlich, daß sie es eigentlich bedauert, als gute Christin auf solche Vorschläge nicht eingehen zu können.
Richard bricht nach Beirut auf. Vierundzwanzig Stunden nach seiner Abreise von Damaskus hat Isabel eine ihrer Visionen: »Jemand faßte mich am Arm. ›Warum liegst du hier? Dein Mann braucht dich. Steh auf und geh zu ihm.‹«
Sie rennt in den Stall, sattelt ein Pferd und reitet in die Nacht. Nach fünfstündigem Ritt durch schwieriges Gelände erreicht sie die Poststation von Shtota. Sie läßt das völlig erschöpfte Pferd zurück, und es gelingt ihr noch, auf die Beiruter Kutsche aufzuspringen, die gerade im Begriff steht, abzufahren. Sie trifft Richard in Beirut noch an. Er scheint überrascht, erfreut. Aber er sagt nur: »Danke, daß du gekommen bist... bon sang ne peut mentir.«
Es bleiben ihr vierundzwanzig Stunden, sich mit ihm zu beraten, ihn zu trösten. Vierundzwanzig Stunden, deren Bitternis auch durch die Gastfreundschaft des französischen Konsuls nicht wettgemacht wird.
Isabel begleitet ihren Mann auf das Schiff, kehrt aber dann wieder an Land zurück, um die Auflösung des Haushalts zu überwachen. Als sie wieder in Bludan ankommt, gleicht die Gegend in und um ihr Haus einem Nomaden-Lager. Aus allen Teilen Syriens sind Araber herbeigekommen, um bei der Frau jenes Mannes, den sie geliebt und verehrt haben, eine Art Ehrenwache zu halten.
Es fehlt nicht an schriftlichen Vertrauensbeweisen für Burton. So schreibt der Scheich Mejuel El Mezrab, das Oberhaut der Großen Moschee von Damaskus:

Die Liebe dieses Eures Dieners ist zu groß, als daß ich sie mit der Feder auszudrücken vermöchte... Wir beten alle für Eure Rückkehr in dieses Land, verfluchen jenen Mann, der die Schuld an Eurer Entlassung trägt und wünschen seinen Untergang. Allah ist gnädig.

Kein Wunder, daß solche Sympathiebeweise beim britischen Generalkonsulat in Beirut mit sehr gemischten Gefühlen aufgenommen werden. So beliebt und wohlinformiert wie Burton ist der Generalkonsul nie gewesen.

Während Richard nach England zurückkehrt und stoisch erklärt, wenn das Auswärtige Amt mit ihm fertig sei – er sei längst schon mit dem Auswärtigen Amt fertig, erledigt Isabel die Auflösung des Hausstandes. Am 13. September verläßt sie Damaskus für immer. »Wie werde ich mir den Osten aus meinem Herz reißen können?« heißt es in ihrem Tagebuch.

In England ziehen die Burtons in ein billiges Hotel in London. Isabel ist es, die sich anschickt, sich gegen das Unrecht, das man Richard in ihren Augen angetan hat, zur Wehr zu setzen. Sie geht aufs Foreign Office. Sie mobilisiert die Presse, stellt den Außenminister zur Rede und erzwingt von ihm eine öffentliche Erklärung, in der überhaupt erst einmal die Gründe für Richards Abberufung genannt werden.

Das nächste Gefecht, in das Isabel sich unverdrossen stürzt, trägt sie mit Richard aus. Sie muß ihn aus seiner Passivität aufrütteln. Da sie es schwierig findet, mit ihm zu reden, schreibt sie ihm einen langen Brief, den sie taktvoll zwischen die Seiten eines Buches schmuggelt, von dem sie weiß, daß er gerade darin liest.

Sie spürt, daß es in der Londoner Gesellschaft nicht wenig Leute gibt, die der Meinung sind, die Regierung habe sich im ›Fall Burton‹ schäbig verhalten. Diese Leute muß man mobilisieren, sie ermutigen, ihre Meinung laut und deutlich kund zu tun.

Die finanzielle Lage, in der Isabel und Burton sich befinden, ist düster. Auf einer Fahrt nach Gaworod, dem Besitz von Isabels Onkel, fallen ihr die letzten fünfzehn Gold-Sovereigns, die sie besitzt, herunter und rollen durch eine Spalte in eine Verschalung unter dem Fußboden des Eisenbahnwaggons, aus der man sie nicht mehr herausholen kann. Isabel, die auf dem Boden gesucht hat, bekommt einen Weinkrampf. Richard kniet sich neben sie, tröstet sie mit einer für ihn ganz ungewöhnlichen Zärtlichkeit.

Richard Burton hat die Genugtuung zu erleben, wie sein Erzfeind, der Wali Rashid Pascha, bei der Hohen Pforte in Ungnade fällt und abberufen wird, wie in Syrien Reformen durchgeführt werden, die er gefordert hatte. Aber daran erinnert sich weder das Foreign Office noch die britische Botschaft in Konstantinopel.

Burton kann froh sein, damit etwas Geld verdienen zu können, daß ihm ein privates Unternehmen den Auftrag erteilt, nach

Island zu reisen, um an Ort und Stelle zu untersuchen, ob sich die Ausbeutung der dortigen Schwefelvorkommen lohnen würde.
Isabel bleibt in London zurück und setzt die Belagerung des Foreign Office weiter fort. Dann endlich bietet der englische Außenminister, Lord Grangeville, Burton einen Konsulatsposten in Triest an. Nun hat sie wieder alle Mühe, Richard davon abzuhalten, den Posten abzulehnen.
Triest ist ein kleines Handelskonsulat, ohne politische Bedeutung, mehr oder minder ein Ehrenposten, dotiert mit 700 Pfund gegenüber den 1000, die Richard in Damaskus bezogen hat. Und hinter diesem Angebot steht die Haltung, in Triest werde ›ruffian Dick‹ unmöglich Schaden anrichten können.
Richard Burton nimmt an.
Isabel hat Triest sogleich gefallen, Richard haßt diesen Ort. Er hat nie aufgehört, ihn zu hassen. Im Dezember 1883 schreibt er in sein Tagebuch: »Jetzt sind es auf den Tag elf Jahre her, daß wir hier leben. Welch eine Schande!«
Triest, so sagt Isabel, Triest – das ist eine Stadt in drei Städten. Es gibt drei Nationalitäten: Italiener, Österreicher und Slawen. Es gibt drei Stadtviertel: Das alte Triest, die Neustadt und den Hafen. Wenn die Stadt in der internationalen Politik kaum eine Rolle spielte, so gab es hier um so mehr Gesellschaftsintrigen. Die Slawen schlossen sich gegen alle anderen ab. Die Italiener belächelten und verhöhnten hinter deren Rücken ihre österreichischen Herren. Die Snobs drängten in den Glanz des österreichischen Hofes. Der Handel war in den Händen von Juden und Griechen.
Die Burtons beziehen vorerst – immer noch in der Hoffnung, Triest sei nur eine Durchgangsstation für sie – eine Dachwohnung mit sechsundzwanzig Zimmern und einer großartigen Aussicht auf die Adria und das Felsennest Karso. »Wir wohnen im vierten Stock, weil es darüber keinen fünften gibt«, erklärt Burton.
Richard beginnt zu schreiben: Übersetzungen arabischer Literatur, Kommentare. Er arbeitet an mehreren Kartentischen, die Isabel für ihn entworfen hat. Auf ihnen liegen Unterlagen, Hilfsmittel und die verschiedenen Lexika, die er für seine Übersetzungen zu Rate zieht. Seine Arbeitsweise gleicht der eines

Simultanschachspielers. Isabel arbeitet im Nebenzimmer. Sie trägt dabei einen Morgenmantel aus Kamelwolle, hat eine arabische Rauchermütze auf.
Es gibt in den Zimmern orientalische Diwans und persische Gebetsteppiche, eingelegte Kaffeetische, aus Wüstenzelten hierhergebracht, Kruzifixe und Reliquien, sowie Hunderte von Fotos.
Der Tagesplan ist streng. Burton steht um vier Uhr auf und nimmt zum Frühstück nur Tee und Früchte. Die Vormittage sind den Übersetzungen gewidmet. Nach dem Lunch geht er eine Stunde spazieren oder schwimmen. Darauf erledigt er seine Konsulatsarbeit. Am Abend lädt man ein oder ist eingeladen.
Isabel und Richard nehmen Fechtstunden bei dem berühmten Fechtmeister Reich. Im Laufe der Zeit hat Isabel recht gut Fechten gelernt. Von einer ihrer Stunden bei Reich berichtet sie:

Er sagte mir, ich solle ganz still stehen, er werde jetzt eine molinet gegen mich ausführen. Man konnte den Degen durch die Luft flitzen hören, und er berührte dabei mein Gesicht wie eine vorbeisummende Fliege. Reich pflegte zu sagen, er mache das bei keinem seiner männlichen Schüler. Sie würden zusammenzucken, und dann würde er ihnen unweigerlich das Gesicht zerschneiden. Aber bei mir wußte er, ich hielt still. Das gefiel mir.

Isabel nimmt Stunden in Italienisch und Deutsch, betätigt sich in der Sozialarbeit. Einmal in der Woche steht die Wohnung der Burtons allen Rassen und Nationalitäten offen. Isabel braucht Geselligkeit. Zu ihrem engeren Bekanntenkreis zählt sie allein fünfzig bis sechzig Menschen.
Richard fällt schon diese kleinere Clique auf die Nerven.
Bei einem Tee, als sich die vornehme Gesellschaft von Triest in der Wohnung der Burtons versammelt hat, kommt Richard aus seinem Zimmer. Lässig legt er ein Manuskript, an dem er offenbar bis gerade eben gearbeitet hat, zwischen den Blumenkübeln ab. Natürlich wollen die Damen und Herren sehen, was er da gerade wieder schreibt. Hat er etwas dagegen, wenn sie einmal einen Blick hineinwerfen?

»Aber nicht im geringsten, Madame, wenn Sie so etwas interessiert? Bitte...!«
»Oh, ich schwärme für Literatur.« Die korpulente Österreicherin nimmt das Manuskript in die Hand, schlägt es auf und läßt es sofort wieder fallen. Auf der Titelseite stand *Eine Geschichte des Furzens.*
Wenn man auch Burton keinen wichtigen Konsulatsposten mehr überträgt, seinen Rat als Kenner der orientalischen Mentalität sucht das Auswärtige Amt hin und wieder.
Da ist die Frage, welche Politik man in Ägypten einschlagen soll. Bei einem Besuch in Hatfield House stellt der britische Außenminister Lord Salisbury Richard Burton diese Frage. Burton geht, um sich über seine Antwort schlüssig zu werden, auf sein Zimmer, kommt aber fast augenblicklich wieder zurück, in der Hand einen Zettel.
»Sie haben sich aber rasch entschieden«, sagt Lord Salisbury erstaunt und faltet den Zettel auf. Da steht nur ein Wort. Es lautet: *Annektieren.*
Was die englische Außenpolitik im allgemeinen angeht, so ist Burton der Ansicht: »Wenn wir nur wie Menschen verfahren würden, nicht immer wie Philanthropen oder Samariter.« Die Chinesen sind in seinen Augen das Volk der Zukunft, und er prophezeit eine Auseinandersetzung zwischen Rußland und China um die Vorherrschaft in Asien.
1875 bereisen Isabel und Richard noch einmal den Orient – allerdings nun als Touristen. Sie sind beide noch einmal in Boulogne gewesen, an dem Ort, an dem sie sich zum erstenmal getroffen haben. Auch in Paris halten sich die Burtons auf, und Isabel schreibt:

Ich fand Paris schrecklich verändert seit dem Deutsch-Französischen Krieg. Die Zeichen der schrecklichen Belagerung waren seinem Gesicht immer noch eingebrannt. Die radikalen Veränderungen der letzten fünf Jahre, der Krieg und die Commune hatten eine neue Welt aus Paris gemacht. Der leichtlebige freundliche Charakter der Franzosen lebte vielleicht unter der Oberfläche weiter, aber darüber lagen (jedenfalls war dies mein Eindruck) mürrische Stimmung, Schweigen, Gier nach Geld und nach Rache... Die Frauen schienen ihre hübschen Kleider aufgegeben zu haben, wenngleich ich einige freilich schon zu sehen bekam. Aber tatsächlich war alles nun anders als in der Pracht des Zweiten Kaiserreichs, dieses Reiches, das dahingesunken war wie ein Traum in der Nacht. Die Frauen schienen gleichgültig geworden zu sein, etwas Ungewöhnliches für Pariserinnen, sie schminkten sich sogar schlecht, und es ist eine Sünde, sich zu schminken... ich meine schlecht. Es tut mir leid, aber ich bin wohl eine der wenigen Frauen, die Paris nicht mögen. Ich habe es nie gemocht, selbst nicht in den Tagen seines Glanzes, und jetzt gefiel es mir weniger denn je. Ich war so froh, als wir Ende der Woche abfuhren und aus dem rohen weißen Nebel sonnenwärts fuhren...

Über Port Said reisen sie nach Jeddah, dem Hafen von Mekka. Als sich die gelbliche Silhouette der arabischen Stadt aus der glasigen Luft erhebt, stehen sie an der Reling und genießen jeden Augenblick, in dem sie Wüstenluft atmen, geradezu süchtig. Isabel liest Moores *Verschleierter Prophet von Khorassan* und *Das Licht des Harim*. Sie erinnert sich an die Legende von Abu Zulajman, dem Schutzpatron dieser Gewässer, der, wie es heißt, in einer Höhle in den Uferfelsen sitzt und sich von Kaffee ernährt, den die Engel brauen und den grüne Vögel von Mekka herbeitransportieren.

Sowohl die türkischen Behörden wie auch die fanatischen Jeddàhwis behandeln Burton wie einen Moslem, aber an eine Reise nach Mekka zusammen mit Isabel ist nicht zu denken. Isabel tröstet sich damit, einmal durch das Mekkator zu reiten und über den Wüstenstrich in Richtung auf die heilige Stadt hin zu schauen.

Sie geht in die Bazars mit Richard, wo Gewürze, Parfums, Schildpatt, Perlen und Sklaven gehandelt werden. »Wir fühlten uns glücklich in dieser Atmosphäre, und die arabischen Laute schienen uns wohlklingend und vertraut«, heißt es in ihrem Tagebuch.

Sie holt ein Kapitel aus Burtons Leben nach, das sie immer mit einem gewissen Neid betrachtet hat. Burton aber fühlt sich, als begegne er seinem eigenen Gespenst. Als er vor zwanzig Jahren

hier gereist ist, war da Aktion, Abenteuer, Risiko. Damals – das grüne Banner des Propheten, heute – Isabels Sonnenschirm.
Über ihre Reise an Bord eines Pilgerschiffes nach Bombay berichtet Isabel:

Ich kann kaum ausdrücken, was ich während dieser vierzehn Tage gelitten habe... Man stelle sich 800 Moslems vor, in der Hautfarbe jeder Schattierung zwischen zitronengelb und milchkaffeebraun. Leute aus allen Teilen der Welt, die jeden Zentimeter des Decks besetzt halten. Männer, Frauen, Babies – alle stinkend von Kokosnußöl.
Es war eine Schreckensreise. Ich werde nie ihre ungewaschenen Körper, ihren Zustand durch die Seekrankheit und ihre Wunden vergessen, die Toten und Sterbenden in ihren Lumpen, ihre Mahlzeiten. Außer um zu kochen, Wasser zu holen oder zu beten, bewegte sich keiner von ihnen vom Fleck oder gab die Haltung auf, die er zu Beginn der Reise eingenommen hatte. Jene, die starben, kamen nicht durch Krankheit um, sondern durch Erschöpfung, Hunger oder Durst. Sie krepierten elend. Mir schmeckt schon mein Mittagessen nicht, wenn mich ein Hund gierig anschaut. Deswegen verbrachte ich den ganzen Tag damit, auf dem schwankenden Schiff umherzugehen und Eiswasser, Nahrungsmittel und Medikamente auszuteilen.

Die Zofe Isabels, die die Reise mitmacht, weigert sich glattweg, ihr bei der Pflege der Kranken zu helfen: »Ich habe die Nase einer Prinzessin. So etwas kann ich nicht machen.«
Dann kommt ein Sturm auf. Pilger werden über Bord gerissen. Was tut's. Es ist Allahs Wille. In Aden kommen zwei Russen an Bord, die ständig betrunken sind. Isabel wird beschuldigt, Pilger, die gestorben sind, vergiftet zu haben. Aber:

Es gab immer noch eine Menge Leidender, die täglich zu mir kamen und verlangten, ich solle sie waschen, säubern, salben und ihre Füße einbinden, die von Schwären und Würmern bedeckt waren.

Indien. Richard scheint aufzuleben. Isabel und Richard besuchen ein mohammedanisches Wunderspiel.

Weil Richard es früher einmal gesehen hatte und keiner der anderen Europäer es sehen wollte... Die religiösen Emotionen waren so intensiv dargestellt, daß, obwohl ich kein Wort verstand, zusammen mit allen anderen weinte.

Sie besuchen den Perser Mirza, der 1848 Burtons Lehrer gewesen ist. Sie nehmen an einer Dinnerparty und an einem Ball im Regierungsgebäude teil, aber bei Sonnenuntergang kommt wieder das traurige Geräusch der Trommel, der Kesselpauken, Zimbeln und Flöten auf.

Ich brauchte nur meine Augen zu schließen, und ich war wieder in einem Wüstenlager, unter Arabern, die einen wilden Schwerttanz aufführten.

Isabel mag die Araber lieber als die Hindus.
Von Indien reisen sie weiter nach Goa. Isabel verlockt die Erinnerung an die Jesuiten, die an der Gründung dieser portugiesischen Kolonie entscheidenden Anteil hatten. Sie hofft, vielleicht werde die Atmosphäre dazu beitragen, daß sich Richard zum Katholizismus bekehrt. Was sie tun kann, tut sie: »Bete, bete. Laß nicht nach zu beten.«
Aber ihre Gebete werden nicht erhört.
Der siebzig Meilen lange Küstenstrich von Portugiesisch-Indien entsetzt Isabel in seiner Einsamkeit, seiner Armut, seiner ungesund wirkenden Vegetation und durch die sengende Hitze.
Der Dschungel frißt die Barockbauten auf. Sie erinnert das sogleich wieder an eine arabische Stadt,

mit unüberwindbaren Toren, noch ohne Stimmen oder Einwohner, die Eule ruft, Nachtvögel schwirren und Raben krächzen in den großen Tordurchfahrten.

Es gibt Picknicks und frische Kokosnüsse, Affen und die Musik der Eingeborenen, die ihr gefällt. Sie ähnelt den portugiesischen fados, die sie aus Brasilien her kennt.
Nur mit dem Elend der Tiere kann sie sich nie abfinden. Richard

muß immer wieder Eingeborene beschwichtigen, die sie wegen ihrer Brutalität gegenüber Tieren anspricht oder gar angreift.
Auf dem Heimweg kommt es zu einem Vorfall, der einmal mehr das unterschiedliche Temperament von Isabel und Richard deutlich werden läßt.
Ein kleines Boot hat sie über acht Meilen zur Einmündung des Flusses in die Bucht geschafft, wo der Dampfer nach Bombay vorbeikommt.

Endlich erreichten wir die Einfahrt zur Bucht, wo das Fort liegt. Wir blieben auf offener See, durchgeschüttelt von großen Wellen. Ein Regensturm mit Gewitter kam auf, also ruderten wir zum Fort und krochen unter den Bögen unter. Wir legten uns schlafen und ließen einen wàlà*zurück, um nach dem Dampfer Ausschau zu halten.
Um 1.30 Uhr erwachte ich vom Geräusch eines Gewehrschusses, das über das Wasser drang. Ich sprang auf und weckte die anderen, aber wir konnten keine Lichter eines Dampfers ausmachen, also legten wir uns wieder schlafen. Ein Offizier kam aus dem Fort, und ich bildete mir ein, er habe zu einem anderen Mann gesagt, das Schiff sei nun da. Sofort wurde ich zappelig, formte die Handflächen zu einem Trichter und rief den Sekretär an. Er antwortete, ja, das Schiff sei da. Es sei jetzt eine Dreiviertelstunde von uns entfernt und wir hätten aufbrechen sollen, als der Schuß fiel.
Die Leute werden so faul und gleichgültig durch das Klima. Er hatte sich nicht die Mühe genommen, uns zu verständigen, obwohl er doch ausdrücklich deswegen zurückgeblieben war. Wenn wir nicht die Post und den Agenten bei uns gehabt hätten, wäre das Schiff wahrscheinlich ohne uns abgefahren. So rüttelte ich alle munter, und bald ruderten wir auf hoher See. Nach und nach konnte ich die Lichter des Dampfers ausmachen. Es sah so aus, als sei er etwa drei Meilen entfernt. Da ich die Unabhängigkeit dieser Kapitäne und die Nutzlosigkeit von Klagen in solchen Fällen kenne, zitterte ich, daß der Dampfer noch weiter auf See hinausfahren könne, und war entschlossen, alles, was in meinen Kräften stand, zu tun, um das zu verhindern.
Richard schlief oder gab vor zu schlafen, und so war es auch bei einigen der anderen. Aber ich griff mir den Schiffshaken, drohte

* Ruderer

ihnen damit und versetzte auch diesem und jenem einen Stich damit. Ich stachelte den Bootsführer an, indem ich ihm bakshish versprach. Jeder außer mir zeigte orientalische Gelassenheit und überließ den Ausgang dem Kismet. Es hatte gar keinen Zweck, zu Richard etwas zu sagen, also wandte ich mich an den Sekretär, der noch am freundlichsten gewesen war.
»Rufen Sie doch mal ›Post‹!«, brüllte ich ihn an, als wir näher kamen.
»Man kann noch so laut rufen, wenn sie nicht hören wollen.«
Schließlich, nach einer Stunde voller Ängste, erreichten wir das Schiff, aber die See ging so schwer, daß wir nicht an die Strickleiter herankamen. Niemand hatte noch genug Kraft, sich an dem Seil festzuhalten oder den Bootshaken einzuhängen, um unser kleines Boot nahe an der Schiffswand zu halten. Schließlich tat ich es selbst. Richard lachte die ganze Zeit über ihre Trägheit und meine Betriebsamkeit und energisches Auftreten. Aber es war absolut notwendig.

In Suez gehen sie noch einmal an Land und machen einen Ausflug in die Wüste:

Es war ein goldener Abend. Die Gebirge und die Dünen flossen zusammen im Sonnenuntergang. Der romantischste Platz war eine kleine Quelle unter einer isoliert dastehenden Palme. Ganz allein stand der Baum auf einem Sandhügel in der Wüste. Ich sagte zu Richard: »Dieser Baum und diese Quelle sind für einander geschaffen worden wie du und ich.

Es gibt Zeichen dafür, daß sie von nun an kapituliert, sich abgefunden haben mit Triest. Sie vertauschen die Wohnung im vierten Stock mit einem Palazzo, umgeben von hohen Bäumen, hoch in den Hügeln.
Ein Angebot General Gordons an Richard, als Generalgouverneur von Darfur nach Afrika zu kommen, beantwortet Burton mit dem Satz: »Ich könnte nicht unter Ihnen dienen. Sie nicht unter mir.«
Es gibt neue Niederlagen einzustecken. Beispielsweise hat sich 1877 durch die Reise Stanleys rund um den Viktoria See endgültig herausgestellt, daß Burtons Theorie über die Nilquellen falsch, hingegen Speke zumindest auf der richtigen Spur gewesen ist.

1882/83 reist Richard Burton allein auf die Sinai-Halbinsel. Ein Gelehrter und Freund, Professor Palmer, der zu Verhandlungen mit eigensinnigen arabischen Häuptlingen gefahren ist, scheint verschwunden. Richard soll ihn aufspüren.
Isabel ist allein in Triest:

Wie Sie sich denken können, bin ich furchtbar traurig. Ich bin nirgends gewesen. Ich habe keine Besuche gemacht, noch welche empfangen. Männer trinken, wenn sie traurig sind, Frauen fliehen in Gesellschaft, aber ich muß die Schlacht in meinem Herzen austragen. Ich muß lernen, allein zu leben und zu arbeiten, und wenn ich das geschafft habe, werde ich mir erlauben, einige meiner Freunde wieder zu besuchen.

Als er zurückkommt, ist Richard des Trostes und der Fürsorge bedürftig. Wieder einmal ist er verbittert. Er hat Palmer gefunden, tot, ermordet. Aber dann hat das Auswärtige Amt es für besser erachtet, ihn durch einen strengen Zuchtmeister zu ersetzen. Burton durfte wieder gehen.
1886 wird Richard Burton für seine 45jährigen Verdienste für die Krone geadelt. Das Ehepaar ist viel unterwegs: an die Riviera, in die Schweiz, nach Florenz, zu den Arsenfressern in Syrien, nach Gibraltar, nach Tanger. Acht Monate ist Richard schwer krank gewesen. Isabel hat ihn gepflegt. Nachts hat sie auf einer Matratze auf dem Fußboden neben seinem Bett geschlafen.
Immer wieder haben sie Geldsorgen. Sie sind es jetzt gewohnt, in den vornehmsten Eisenbahnzügen quer durch Europa zu reisen. Isabel ist ausgezeichnet gekleidet. Richard läuft zwar in einer uralten, schäbigen Jacke herum, aber er besitzt hundert Paar Schuhe und eine Unzahl von Mänteln, die er nie trägt. Ihre Menagerie von Haustieren, ein Arzt, der ständig bei ihnen lebt und mit ihnen reist, Richards bibliophile Vorlieben (8000 Bücher hat er in Triest zusammengetragen) – all das verschlingt beträchtliche Summen.
Mit einer ganzen Anzahl kurioser Projekte ist Richard Burton gescheitert. Weder hat sich »Captain Burtons Tonic Water« als eine Goldmine erwiesen, noch hat er 1877, als er für den

Vizekönig von Ägypten als Schatzsucher unterwegs war, ausbeutungswürdige Goldvorkommen aufgespürt. Aber nun läßt ihn seine Begeisterung für orientalische Literatur auf eine Goldader besonderer Art stoßen.
Er übersetzt die Geschichten von Tausendundeiner Nacht und gibt sie in einer Privatausgabe, zu der Isabel 34000 Einladungen verschickt, heraus. Der Erfolg ist überwältigend. Statt der von einem Verleger für die erste Auflage angebotenen 500 Pfund erlösen die Burtons 16000 Pfund.
Burtons Übersetzung ist nicht die erste, die in englischer Sprache erscheint. Die »Edingburgh Review« klassifiziert die verschiedenen Übersetzer ironisch so: Galland – für das Kinderzimmer, Lane – für die Bibliothek, Payne – für die Studierstube, Burton – für die Jauchegrube.
Burton hat sich nicht geziert, die orientalische Sinnlichkeit auszudrücken, zu übersetzen, mehr noch, seine Übersetzung beweist, daß er Freude an dieser Sinnlichkeit empfindet.

Ich hatte Wissen über gewisse Themen, das kein anderer Mensch besaß. Warum sollte dieses Wissen mit mir sterben. Fakten sind Fakten, ob sie nun Menschen bekannt sind oder nicht.

Burton kennt den Orient wie kaum ein zweiter Europäer seiner Zeit. Und all sein Wissen und seine Erfahrung gehen in diese Übersetzung und den beigefügten Aufsatz mit ein: von astrologischen Prophezeiungen bis zum Rezept zur Herstellung eines Aphrodisiakums aus Schakalgalle. Er schreckt vor keinem Thema, keinem Ausdruck zurück.

Solches ist im Osten die Sprache eines jeden Mannes, einer jeden Frau und Kindes, vom Prinzen bis zum Bauern, von der Matrone bis zur Prostituierten. Alle sind sie, wie ein naiver französischer Reisender von den Japanern sagte, so vulgär, daß sie es gar nicht einmal merken, wenn sie die Dinge beim rechten Namen nennen.

Schon bei der Arbeit an einer gereinigten ›Familienausgabe‹, die Isabel übernommen hat, kommt es zu Streitigkeiten zwischen den

Eheleuten. Was obszön ist, sei eine Frage von Ort und Zeit – so Richard. Isabel hat ganze Passagen von Richards Übersetzung als unmöglich empfunden und an den Rand ein großes *Nein! Nein!* gekritzelt.Bei anderen Geschichten wie der *Vom törichten Ehemann oder Königin Budurs Ausschweifungen* merkt sie an: »Erfinde andere Worte!« Wo es bei Richard heißt »Laß uns zusammen schlafen!« ändert sie in »Laß uns zusammen das Leben genießen!« Ist bei Richard ganz offen von einer »Konkubine« die Rede, wird bei ihr daraus eine »Hilfsfrau«.
Die von Isabel betreute Ausgabe wird ein ›flop‹, die zehnbändige Originalübersetzung Burtons, gebunden in Schwarz und Gold, die Farben der Abbasidischen Kalifen, fand begeisterte Zustimmung. Er selbst ist über den Erfolg nicht wenig erstaunt. Mürrisch-ironisch schreibt er darüber:

47 Jahre habe ich mich damit abgeplagt, mich auf jede nur mögliche Art und Weise auszuzeichnen. Ich erntete dabei nie ein Lob, nie ein ›Danke schön‹ oder auch nur einen Pfennig. Jetzt übersetze ich ein altes Buch zweifelhaften Inhalts und streiche 16000 Pfund ein. Nun, da ich den Geschmack Englands kenne, werden wir wenigstens nie mehr ohne Geld sein.

Isabels Gedanken kreisen mit der Zeit nur noch um das eine Thema: Wenn Richard stirbt, ohne sich zum katholischen Glauben bekehrt zu haben, werden sie im Jenseits für immer voneinander getrennt sein. Als Isabel ihm erzählt, einmal, als er ohnmächtig dagelegen habe, sei sie an seinem Lager niedergekniet, habe gebetet und ihn getauft, antwortet er mit einem Lächeln: »Das war völlig überflüssig, meine Liebe. Die Welt wird sich noch wundern, wenn ich sterbe.«
Richards seltsame Lähmungsanfälle, seine Gicht und seine Kreislaufbeschwerden werden immer häufiger. Er ist unzufrieden, mißmutig, mürrisch, oft von verletzendem Sarkasmus. Geld und Ehren sind für ihn zu spät gekommen. Wenn Isabel sich in eine schon fast hysterische Fürsorge hineinsteigert, führt gerade dies bei ihm zu neurotischer Rastlosigkeit.
Er will reisen, reisen... Bern, Algier, Tunis, Rom. Kaum sind sie

irgendwo angekommen, da sagt er ängstlich zu Isabel: »Glaubst du, daß ich hier noch einmal herauskomme, um etwas anderes zu sehen?«

Dann heißt es reisen, packen, weiter. Der erste Hausarzt, den Isabel eingestellt hat, hält diesen Lebensstil offenbar nicht durch. Er wird durch einen Dr. Baker abgelöst. Das Trio reist königlich. Jeweils in einem Abteil für sich, Isabel zwingt Stationvorsteher und ganze Scharen von Gepäckträgern in den Dienst an Richards Bequemlichkeit. Er ist jetzt ein müder schwarzer Panther hinter Gitterstäben.

Isabel ist sich der Rollenzwänge im Verhältnis zwischen Richard und ihr durchaus bewußt gewesen:

Ich denke mir immer, daß ein Mann im Umgang mit seiner Ehefrau ein Gesicht hat, ein anderes im Umgang mit seiner Verwandtschaft, wieder ein anderes gegenüber ihrer Verwandtschaft, ein viertes setzt er bei seiner Geliebten oder amourette auf... sofern er eine hat.

Mein Mann, dessen Charakter unverstellt zu Tage trat in der Abgeschiedenheit unseres Privatlebens, wurde ein ganz anderer, wenn auch nur Besuch ins Zimmer trat. In meinen frühen Ehejahren habe ich in dieser Beziehung so manches beobachtet und so manche Überraschung erlebt, an die ich mich in meinem späteren Leben gewöhnte.

Einmal haben sich Isabel und Richard zufällig in Venedig getroffen, als sie getrennt von einander auf Reisen unterwegs waren.

»Hallo, was machst du denn hier?« hat Richard Isabel gefragt.

»Dito, Bruder«, hat sie gesagt und ihm vor den Augen verblüffter Zuschauer die Hand geschüttelt.

Fünf Monate trennen im März 1890 Richard noch von seiner Pensionierung. Er arbeitet an der Übersetzung eines berühmt-berüchtigten Manuskriptes, des *Gartens der Düfte, der das Herz des Mannes erheitert* von Scheich el Nafzwih. Es ist dreihundert Jahre zuvor entstanden und ist ein außerordentlich geistreiches, witziges und poetisches Kompendium über die Liebe. Er betrachtet diese Übersetzung – mehr noch als die von Tausendundeiner Nacht – als sein Lebenswerk. Liest man seine Geschichten aus Tausendundeiner Nacht aufmerksam und kritisch, so stellt man fest, daß er versteckt zwischen den Zeilen der Übersetzung viel von sich selbst preisgibt. Ähnlich mag es bei dieser zweiten Arbeit gewesen sein. Natürlich ist der *Garten der Düfte* in den Augen eines durchschnittlichen Mitteleuropäers Pornographie. Aber was Richard Burton bewogen haben dürfte, sich in dieses Buch zu verlieben, ist nicht Lüsternheit. Es gibt ein Wort von Gramsci, das lautet: »Möglichkeit ist nicht Wirklichkeit, aber Möglichkeit hat ihre eigene Wirklichkeit. Möglichkeit bedeutet Freiheit.« In diesem Sinn wird man Burtons intensive Beschäftigung mit diesem Text verstehen müssen. In dieser Möglichkeit war er dem Orient nah, den er als die Sphäre seiner Identität betrachtet hatte, einer Identität, die zu verwirklichen ihm in der Realität versagt geblieben war.

Es ist verständlich, daß Isabel die Arbeit am *Garten der Düfte* mit kritischem Mißtrauen betrachtet. Der Text muß ihre vom Katholizismus beeinflußte Moral verletzt haben. Zu Burtons Lebzeiten hat sie wahrscheinlich nur Teile der Übersetzung zu sehen bekommen. Aber diese Fragmente reichten aus, um sie aufzubringen. Sie weiß jedoch, daß es keinen Zweck hat, darüber mit Richard zu streiten. Sie haben solche Streitgespräche schon hundertmal geführt. Gerade weil sie ihn sehr liebt, ist sie seinen Zynismen nicht gewachsen.

Sie ist froh, als er zu ihr sagt: »Morgen werde ich mit der Übersetzung fertig. Ich verspreche dir, kein weiteres von diesen Büchern mehr anzufangen, sondern mich an unsere Biografie zu machen...«

Das Manuskript umfaßt über 1200 Seiten. Zu seinem Hausarzt Grenfell Baker hat Burton im März 1890 gesagt:

> Ich habe da mein ganzes Leben hineingegeben, all mein Herzblut. Es ist meine Hoffnung, daß ich durch dieses Buch fortleben werde in der Erinnerung der Menschen. Es ist die Krone meines Lebens.

Bei einer Reise in die Schweiz, zuerst nach Zürich, dann nach Davos, schließlich auf den Maloja, hat er Henry Morton Stanley

getroffen, der mit seiner Frau im selben Hotel seine Flitterwochen verbringt. Stanley merkt, daß Burton ein vom Tod gezeichneter Mann ist und schlägt vor, er solle doch endlich seine Lebenserinnerungen schreiben. Burton erwidert, das sei unmöglich, er habe in der Vergangenheit zu viele Leute gekannt, über die er einfach nicht schreiben könne, das gäbe einen zu großen Skandal.
»Üben Sie Nächstenliebe und schreiben Sie einfach nur über ihre guten Eigenschaften«, hat Stanley gesagt.
Da ist Richard aufgebraust: »Ich schere mich die Bohne um Nächstenliebe. Wenn ich überhaupt schreibe, muß ich wahrheitsgemäß alles schreiben, was ich weiß.«
Wir wissen von dem Verlauf dieser Unterhaltung durch Dorothy Stanley. Isabel erwähnt dieses Gespräch mit keinem Wort.
Als sie am 7. September 1890 in ihre kalte Wohnung in Triest zurückkehren, bekommt Richard einen Gichtanfall.
Irgendwann in diesem Monat bittet er Isabel: »Wenn die Schwalben sich zusammentun um das Haus, wenn sie sich an den Fenstern drängen, zu Tausenden, wenn sie sich zum Flug nach Süden vorbereiten, dann ruf mich.«
Dr. Grenfell Baker verwendet viel Zeit darauf, im Garten von ihnen allen Fotos zu machen. Kodacking nennt man das.
Am 17. Oktober, einem Freitag, schreibt Richard auf den Rand seines Notizbuches:

> Schwalbe, Pilger Schwalbe,
> schöner Vogel mit purpurnem Gefieder.
> Auf dem Fensterbrett sitzt du
> wiederholst jeden Morgen, wenn der Tag dämmert,
> jenes klagende Lied so wild und schrill.
> Schwalbe, liebenswerte Schwalbe, was willst du mir sagen
> auf dem Fensterbrett bei Tagesanbruch?

Er klagt über Hexenschuß und Leberschmerzen, er spricht davon, sich nach seiner Pensionierung nach England zurückzuziehen, in eine kleine Hütte, vollgestopft mit seinen Schwertern, Teppichen, seiner Sammlung von Pistolen und Sätteln und seinen Tausenden von Büchern.

Sonntag, der 19. Oktober 1890. Isabel ist am Morgen zur Messe und zur Kommunion gewesen. Sie kommt heim, findet ihren Mann schreibend und küßt ihn. Sie schreiben Briefe an Verwandte in England. Zum Tee haben sie Gäste. Burton hat ein Rotkehlchen in einem Wasserbehälter im Garten gefunden und es vor dem Ertrinken gerettet. Er trägt es stundenlang in der Seitentasche seines Jacketts mit sich herum, um es zu wärmen.
Abends findet er keine Ruhe, geht in seinem Studierzimmer umher, ordnet alles mit seltsamer Sorgfalt. Isabel und er sprechen darüber, ob sie nach seiner Pensionierung für die Heilsarmee tätig sein soll. Er macht Witze über ihren religiösen Eifer. Unten heult ein Hund. Isabel schickt einen Angestellten nachsehen, was mit dem Tier sei. Burton legt sich zu Bett, verlangt nach etwas Leichtem zu lesen, »etwas, das den Kopf kühlt«. Gewöhnlich liest er fast ausschließlich wissenschaftliche Aufsätze und Klassiker. Jetzt gibt ihm Isabel Robert Buchanas *Martyrium der Madeleine.*
Gegen Mitternacht wacht er auf. Er klagt über Gichtschmerzen im Fuß. Isabel setzt sich an sein Bett. Der Arzt wird geweckt. Er findet Richards Zustand nicht besorgniserregend und legt sich wieder schlafen. Eine halbe Stunde später geht es Richard sehr schlecht. Er japst nach Luft.
Richard liegt in einem niedrigen Rollbett unter einer großen Karte Afrikas.
Als sich sein Zustand nicht bessert, rennt Isabel in Panik zu Dr. Baker. Beide kommen zu dem Schluß, daß Richards Herz im Begriff ist zu versagen. Sie bringen den Kranken in eine fast sitzende Stellung. Sie versucht, seine breiten Schultern zu umfassen und in ihren Armen zu wiegen. Grenfell Baker stellt ein primitives Elektrodengerät neben dem Bett auf. Er betupft Burtons Brust mit Salzwasser und setzt eine Elektrode in die Herzgegend, die andere an Burtons Schulterknochen.
Im Morgengrauen stirbt Richard Burton.

Vers aus seinem Gedicht *The Kasidah*:

> Do what thy manhood bids thee do
> From none but self expect applause;
> He noblest lives and noblest dies
> Who makes and keeps his self-made laws. *

Isabel will seinen Tod nicht wahrhaben. Er darf nicht gestorben sein, ohne daß ihm der Priester die letzte Ölung gegeben hat, sonst...

Der Priester aus dem Gebirgsdorf in der Nähe kommt. Er weigert sich, das Sterbesakrament zu spenden. Es ist zu spät, außerdem hat Burton nie kundgetan, daß er sich zum katholischen Glauben bekenne. »Sehr wohl hat er das«, widerspricht Isabel. »Beeilen Sie sich, sonst ist es zu spät, beeilen Sie sich... im stillen ist mein Mann immer Katholik gewesen. Ich muß es doch wissen. Niemand hat ihn besser gekannt als ich. Beeilen Sie sich... der Pulsschlag ist noch zu spüren.« Der Priester blickt zum Arzt hin. Der hebt vielsagend die Achseln. Endlich schickt sich der Priester nach soviel Nötigung doch an, Burton die letzte Ölung zu spenden.

Isabel sitzt den ganzen folgenden Tag über an seinem Bett, schaut ihn an, betet, hofft, er werde zu ihr zurückkommen.

»Ich meinte, sein Mund und das rechte Auge würden sich bewegen, aber der Doktor sagte mir, es sei nur Einbildung...«

Ein arabisches Sprichwort lautet: »Eine Frau ohne Ehemann ist wie ein Vogel ohne Flügel.«

Richard Burton hat selbst eine ergreifende Totenklage für einen Mann seines Schlages geschrieben:

> The light of morn has grown to noon,
> has paled with eve and now farewell!
> Go vanish from my life as dies
> the tinkling of the camel's bell.**

* Sinngemäße Übersetzung, ohne Endreim: Tu, was du meinst tun zu müssen, erwarte von keinem außer dir selbst dafür Beifall. Der lebt am würdigsten, der stirbt am würdigsten, der die sich selbstgegebenen Gesetze hält.

** Sinngemäße Übersetzung, ohne Reim: Das Morgenlicht ist Mittag geworden, ist zum Abend verblaßt und nun leb wohl! Stiehl dich aus meinem Leben wie das Klingeln der Kamelglöckchen erstirbt.

Prozession der Priester, Freunde, der Offiziellen, Neugierigen. Der Leichnam wird einbalsamiert. Der Bischof von Triest gestattet ein pompöses kirchliches Begräbnis, an dem 200000 Menschen teilgenommen haben sollen. Matrosen eines britischen Kriegsschiffs, das im Hafen liegt, geben das Trauergeleit. Drei Messen werden in der Stadt für den Toten gelesen.
Ist damit Isabels Wünschen und Phantasmagorien Genüge getan? Man sollte es meinen. Er ist gerettet. Er wird denselben Himmel mit ihr teilen.
Nach dem Begräbnis schließt Isabel Burton sich in das Verandazimmer des Hauses ein. Sie bleibt in diesem Zimmer von zehn Uhr vormittags bis vier Uhr morgens am folgenden Tag. Sie sieht alle Manuskripte, vollendete und unvollendete, durch, das Lebenswerk ihres Mannes. Da ist die über tausend Seiten umfassende zweite Version der Übersetzung des *Gartens der Düfte*, dessen Inhalt Richard einem Kollegen und Freund, der kein Arabisch konnte, einmal so geschildert hat:

Es ist eine wunderbare Schatzgrube orientalischer Weisheit. Es wird darin berichtet, wie Eunuchen gemacht werden, wie sie heiraten und wie sie sich in der Ehe aufführen, weibliche Beschneidung wird geschildert, die Kopulation von Fellachen mit Krokodilen etc. Mrs. Grundy wird aufheulen, bis sie fast birst, und doch jedes Wort mit intensivem Vergnügen lesen.

Dann gibt es noch Stapel grüner Kontorbücher, in denen Richard Burton sein privates Tagebuch geführt hat. Dazu Tonnen von Papieren, die in Zinkkisten der Bombay-Armee verwahrt sind.
Isabel befiehlt draußen im Garten ein großes Feuer anzuzünden und wirft in die Flammen: *More Notes on Paraguay, Personal Experiences in Syria, Lowlands of Brazil, South America, North America, Central America, A Book of Istria-more Castellieri, Materials for Four more Books on Camoens, Slavonic Proverbs, Dr. Wetstein's Hauran, Ausonius Epigrams, A Study of the Wali, A Trip up the Congo (1863), Ober Ammergau, Vichy, Lectures and Poetry, The Eunuch Trade in Egypt, The Adelsburg Caves, The Neapolitan Muses, Syrian Proverbs* und *Four Cantos of Ariosto.*

In der Nacht gibt es Sturm, ein scharfer bora kommt auf. Die Flammen des Feuers soll man bis in die Lounge des Hôtel de Ville neben den Hafenmauern gesehen haben.
Am nächsten Morgen setzt Isabel das Autodafé fort. Sie verbrennt Richards persönliche Tagebücher aus siebenundzwanzig Jahren – mit Ausnahme eines einzigen. Sie verbrennt das Tag-für-Tag-Notizbuch, das Richard geführt hat, solange sie beide sich kannten. Sie verbrennt die zweite Fassung des *Gartens der Düfte.*
Warum? Warum nur?
Ihre eigene Erklärung, abgegeben in einem Artikel in der *Morning Post,* lautet:

...mein Kopf sagte mir, daß Sünde der einzige rollende Stein sei, der Moos ansetzt. Was ein Gentleman, ein Gelehrter, ein Mann von Welt zu Lebzeiten geschrieben hat, mag sich völlig anders für ihn darstellen, wenn seine arme Seele nackt vor Gott steht, sich wegen ihrer guten und bösen Taten zu verantworten hat und deren Konsequenzen zum erstenmal bis zum Ende aller Zeiten für sie einsichtig sind. Ach, was gäbe da wohl eine solch arme Seele um einen Freund auf Erden, der gewissen Dingen Einhalt gebieten würde.
Was kümmert die arme Seele sich um die vielleicht 1500 Männer, die im Geist der Wissenschaft das lesen, was er da geschrieben hat, was kümmert sie aller Welt Ruhm, sofern er Gott beleidigt...

Über die Verbrennung des Gartens der Düfte schreibt sie:

Ich holte die Manuskripte, legte sie auf den Boden vor mich hin, zwei große Bände. Immer noch dachte ich: Ist es ein Sakrileg? Es war sein magnum opus, sein letztes Werk, auf das er so stolz war, das an jenem schrecklichen Morgen, der für ihn nie anbrach, vollendet werden sollte. Wird er wieder auferstehen und mich verfluchen oder segnen? Der Gedanke wird mich bis an mein Grab verfolgen... Besorgt, ehrfürchtig, unter Furcht und Zittern, verbrannte ich Blatt um Blatt, bis alle Bände die Flammen verzehrt hatten.

Menschliche Handlungen sind nie eindeutig. Also ist auch noch ein anderer Ablauf, eine andere psychische Reaktion bei Isabel denkbar.

Wer sich so krampfhaft, so verzweifelt bemüht hat, eine gute, eine mustergültige Ehefrau zu sein, wird eines Tages von der Liebe in den Haß gelangen. Zu sehr und zu lange hatte Isabel ihrer Rolle beständig gerecht zu werden versucht. Das Autodafé – ein Racheakt!
Nicht nur Rache für das, was ihr dieser eine Mann im Laufe einer Ehe von fünfunddreißig Jahren angetan hatte, Rache an der Männerwelt überhaupt. Herausgefordert durch die poetische Verklärung männlicher Überheblichkeit, männlicher Rücksichtslosigkeit, männlichen Egoismus', wie er ihr nicht nur aus dem Manuskript des *Gartens der Düfte*, sondern auch aus den anderen Schriften und aus den Tagebüchern entgegengetreten ist.
Einmal den Mut haben, so zu sein, wie man wirklich ist. Einmal sich nicht beherrschen, sich keine Gewalt antun müssen. Danach kann man eine Geschichte erfinden, die wieder ganz zur Rolle der guten Ehefrau paßt, der Witwe, die sich verpflichtet sieht, noch über das Grab hinaus über die Ehre ihres Ehemannes zu wachen. Ihn, wo er unvollkommen war, vor sich selbst beschützen, damit auch die Nachwelt an seine Vollkommenheit glaube.
Ich muß sagen, die zweite Erklärung, die der Selbstbefreiung, gefällt mir besser.
Isabel Burton ist am 21. März 1896 gestorben. Sie liegt begraben neben ihrem Ehemann unter einem Grabstein, der einem arabischen Zelt nachgebildet ist, in Mortlake, einem Vorort von London. Man erreicht Mortlake mit einem der roten doppelstökkigen Busse, die in der Londoner City am Piccadilly abgehen, nach einer Fahrzeit von einer knappen Stunde.

Das kurze Leben der Karoline von G.

Einmal sagte sie: »Darum wird die Erde alle Tage verfinstert, wie Käfige der Vögel, damit wir im Dunkeln die höheren Melodien vernehmen.«
Und ein andermal: »Das Leben ist ein Schlaf, ein gedrückter heißer Schlaf. Vampire sitzen auf ihm, Regen und Winde fallen auf den Schlafenden und vergeblich sucht er zu erwachen.«
Und an Bettine schrieb sie: »Ist man allein am Rhein, so wird man ganz traurig.«

Vor einiger Zeit wurde ich auf das Schicksal einer jungen Frau aufmerksam, die vor etwas mehr als einhundertachtzig Jahren ihrem Leben in Winkel im Rheingau freiwillig ein Ende setzte. Bei weiteren Nachforschungen über das kurze Leben der Karoline von G. stieß ich auf Briefe aus einem Kreis junger Leute, denen das leidenschaftliche Verlangen anzumerken ist, sich aus den damals in der Gesellschaft gültigen Normen und Konventionen zu lösen, sofern diese sie an ihrer Selbstverwirklichung hinderten.

Am 26. Juli 1806 stirbt in Winkel am Rhein die sechsundzwanzig Jahre alte Stiftsdame, Karoline von Günderrode. Knapp einen Monat später schreibt Meline Brentano, eine Schwester von Clemens und Bettine, an ihren Schwager, Friedrich Carl von Savigny:

Frankfurt, den 23ten August 1806 *

Was den Tod der Günderrod anbetrifft, so ist es ganz klar, daß sie sich des Creuzers willen ermordet hat. Die Sache ist so: sie sagte immer, wenn Creuzer sich von mir scheidet oder wenn er mir untreu

* Zu dieser Zeit gab es noch keine festgelegte, einheitliche Orthographie. Schreibweise und Kommasetzung können daher variieren, auch innerhalb eines Briefes.

ist, so bringe ich mich ums Leben. Ehe sie ins Rheingau ging, ließ sie sich ihren Dolch schleifen; daraus ist zu vermuten, daß schon ein kleines Mißverständnis zwischen ihr und Creuzer herrschte.
In Winkel erhielt sie lange keine Briefe von Creuzer und wurde deswegen unruhig. Creuzer schickte seine Briefe immer an die Heyden und diese unter Adresse der Lotte (Servière) nach Winkel. Eines Samstags lief die Günderrod dem Briefträger entgegen, riß ihm die Briefe weg und erkannte der Heyden ihre Hand. Sie erbrach sogleich den Brief und lief damit auf ihre Stube. Eine Weile darauf kam sie wieder herunter und war ganz ausgelassen froh. Sie sagte der Servière nur, Creuzer sei sehr krank gewesen, sei aber wieder besser. Sie setzten sich zum Essen und die Günderod und der l'ange* wollten ein wenig spazieren gehen. Kaum waren sie zwei Schritte vor der Tür, so lief Karoline zurück, um einen Schal zu holen und rief dem l'ange zu, er solle nur fortgehen, sie komme nach.
Sie ging wieder aus und kam nicht zurück. Am Morgen fand man sie drei Schritte vom Rhein mit dem Dolch neben sich und im Schal viele Steine gebunden. Wahrscheinlich wollte sie tot durch der Steine Gewicht in den Rhein fallen. Den unglücklichen Brief, der von der Daub war, hat man nicht gefunden, aber das Couvert der Heyden, worin sie der Lotte Servière schreibt: »Hüte die Günderod vor dem Rhein und dem Dolch.«
Von Heidelberg hörte ich: Creuzer war krank, auf einmal erwacht er, läßt seine Freunde zu sich rufen und erzählt ihnen, es sei ihm ein Engel erschienen, der ihm gezeigt habe, wie sträflich sein Verhältnis mit der Günderod sei und wie unrecht er seiner Frau tue. Er wolle nun mit der G. brechen, möge es kosten, was es wolle. Wahrscheinlich hat sein Freund Daub der Günderod davon geschrieben und dadurch diesen Entschluß in ihr geweckt. Ob Creuzer um ihren Tod weiß, ist mir unbekannt...

Einige Tage nach dem Selbstmord der Karoline von Günderrode kommt Bettine Brentano, damals einundzwanzig Jahre, in das Landhaus ihrer Familie in Winkel. Bettine und Karoline sind eng befreundet gewesen. Erst vor ein paar Wochen hat die langjährige und leidenschaftliche Beziehung der beiden Mädchen ein jähes Ende gefunden.

* Spitzname für eine der Servière-Schwestern

Bettine hat über den Bruch an ihren Schwager, Friedrich Carl von Savigny berichtet. Bei ihm meint sie deshalb besondere Anteilnahme am Schicksal der Günderrode voraussetzen zu dürfen, weil vor einigen Jahren eine Liebesbeziehung zwischen Savigny und Karoline bestanden hat.

Frankfurt, nach dem 8. Juli 1806

Mein lieber Alter!
Was soll ich Dir sagen? Ich freue mich königlich auf den Brief, den Du mir versprochen hast. Mit der Günderrode ist es ganz aus, ich habe noch einmal bei ihr angepocht und hab ihr einen Brief geschrieben voll Einfalt und Gutmütigkeit. Ich habe ihr gesagt, wie daß es mich gar nicht traurig mache, daß sie keine Freude mehr an meinem Umgang habe, aber sie solle doch nicht so wütig verzweifelnd alles Verhältnis, das zwei honette Menschen haben können, in die Luft sprengen, ich sei ihr immer noch dankbar für vieles. Sie will nichts von mir wissen, auch nicht eine kleine 4tel Stunde, die ich von ihr begehrte, um das Ganze auseinanderzusetzen, hat sie mir erlaubt. Sie will mich nicht mehr sehen, und niemand hat Anteil an diesem Entschluß, er ist aus tiefstem Gefühl geflossen, daß ich ihr nichts bin, daß ich ihr nichts sein kann. Sie hoffte zwar ehemals sich einiges Verdienst um mich zu erwerben, es war aber grundfalsch und beruhe auf einer unrichtigen Ansicht ihres und meines Gemüts. Bedenk, bedenk, was das für Sachen sind, und frag einmal, was es für einen Eindruck auf mich gemacht hat.

Trotz alldem ist Bettine in diesen Juliwochen die Sorge um die Günderrode nicht losgeworden:

Es vergingen vierzehn Tage, da kam Fritz Schlosser; er bat mich um ein paar Zeilen an die Günderrode, weil er in den Rheingau reisen werde und wolle gern ihre Bekanntschaft machen. Ich sagte, daß ich mit ihr broulliert* sei, ich bäte ihn aber, von mir zu sprechen und acht zu geben, was es für einen Eindruck auf sie machen werde.
»Wann gehen Sie hin«, sagte ich, »morgen?«
»Nein, in acht Tagen.«

* zerstritten

»Oh gehen Sie morgen, sonst treffen Sie sie nicht mehr; am Rhein ist's so melancholisch«, sagte ich scherzend, »da könnte sie sich ein Leids antun.« Schlosser sah mich ängstlich an. »Ja, ja«, sagte ich mutwillig, »sie stürzt sich ins Wasser oder sie ersticht sich aus bloßer Laune.«
»Freveln Sie nicht«, sagte Schlosser, und nun frevelte ich erst recht: »Geben Sie acht, Schlosser, Sie finden sie nicht mehr, wenn Sie nach alter Gewohnheit zögern, und ich sage Ihnen, gehen Sie heute lieber wie morgen und retten Sie sie vor unzeitiger melancholischer Laune.« Und im Scherz beschrieb ich sie, wie sie sich umbringe, im roten Kleid, mit aufgelöstem Schnürband, dicht unter der Brust die Wunde; das nannte man tollen Übermut von mir, es war aber bewußtloser Überreiz, in dem ich die Wahrheit vollkommen beschrieb.

Die Bettine, die hier berichtet, schreibt rückblickend. Das Gespräch mit Schlosser, das immerhin eine zutreffende Vorstellung von ihrem bizarren Wesen vermittelt, muß sich nicht so abgespielt haben. Was sich wie eine Passage aus einer Novelle oder einem Märchen ihres Bruders Clemens ausnimmt, kann nachträgliche Stilisierung sein.
Bettine berichtet weiter:

Da wir in Geisenheim ankamen, wo wir übernachteten, lag ich im Fenster und sah ins mondbespiegelte Wasser, meine Schwägerin Toni saß am Fenster; die Magd, die den Tisch deckte, sagte: »Gestern hat sich auch eine schöne junge Dame, die schon sechs Wochen hier sich aufhielt, bei Winkel umgebracht; sie ging am Rhein spazieren ganz lang, dann lief sie nach Haus, holte ein Handtuch; am Abend suchte man sie vergebens; am anderen Morgen fand man sie am Ufer unter Weidenbüschen, sie hatte das Handtuch voll Steine gesammelt und sich um den Hals gebunden, wahrscheinlich, weil sie sich in den Rhein versenken wollte, aber da sie sich ins Herz stach, fiel sie rückwärts, und so fand sie ein Bauer am Rhein liegen unter Weiden an einem Ort, wo es am tiefsten ist. Er riß ihr den Dolch aus dem Herzen, und schleuderte ihn voll Abscheu weg in den Rhein, die Schiffer sahen ihn fliegen – da kamen sie herbei und trugen sie in die Stadt.«
Ich hatte im Anfang nicht zugehört, aber zuletzt hörte ich's mit an

und rief: »Das ist die Günderrode!« Man redete mir's aus und sagte, es sei wohl eine andere, da so viel Frankfurter im Rheingau waren.

Am nächsten Morgen wird es für Bettine zur Gewißheit, daß es sich bei der Selbstmörderin um Karoline handelt. Mit ihrem Bruder Franz, dem Direktor eines Bankhauses und einer Gewürzgroßhandlung, und ihrer Schwägerin Toni fährt Bettine zu Schiff weiter:

Franz hatte befohlen, daß das Schiff jenseits sich halten solle, um zu vermeiden, daß wir dem Platz zu nahe kämen, aber dort stand der Fritz Schlosser am Ufer und der Bauer, der sie gefunden, zeigte ihm, wo der Kopf gelegen hatte und die Füße und daß das Gras noch niederliege – und der Schiffer lenkte unwillkürlich dorthin, und Franz bewußtlos (ohne es eigentlich zu wollen), sprach im Schiff alles dem Bauer nach, was er in der Ferne verstehen konnte. Und da mußte man denn mit anhören die schauderhaften Bruchstücke der Erzählung vom roten Kleid, das aufgeschnürt war, und der Dolch, den ich so gut kannte und das Tuch mit Steinen um ihren Hals, und die breite Wunde – aber ich weinte nicht, ich schwieg. Da kam mein Bruder zu mir und sagte: »Sei stark, Mädchen.« Wir landeten... Überall erzählte man die Geschichte; ich lief in Windeseile an allen vorüber, den Ostein hinauf, eine halbe Stunde bergan, ohne auszuruhen – oben war mir der Atem vergangen, mein Kopf brannte.

Man sagt, den Dolch habe ihr Clemens Brentano auf einer Messe in Frankfurt geschenkt. Sicher ist diese Mitteilung nicht.
Clemens Brentano, 1778 im Haus der Großeltern in Ehrenbreitstein bei Koblenz geboren, hat eine unglückliche Kindheit hinter sich.
Schon mit sechs Jahren wird er zusammen mit seiner zwei Jahre älteren Schwester Sophie zu einer Tante mütterlicherseits in Pflege gegeben. Luise von Möhn lebt in einer zerrütteten Ehe mit einem, wie Clemens später in Briefen schreibt, »ganz verwilderten Mann«, »einem Ungeheur«.
Clemens weitere Kindheit und seine Jugend sind bestimmt von der Rebellion gegen den Vater, der aus ihm einen Kaufmann machen will, während Clemens seinen poetischen Interessen leben, ein

Dichter werden möchte. Der Konflikt verschärft sich, als 1793 Clemens' Mutter stirbt.
Der Vater nimmt seinen Sohn ins eigene Kontor. Hier sorgt der neue Lehrling durch mutwillige Streiche, mit denen er gegen die Spießerwelt protestiert, für Ärger und Verwirrung, und es kommt zu lautstarken Auseinandersetzungen mit dem Vater.
1796 schickt der Vater den Sohn, der sich nicht zum Commerz bekehren lassen will, nach Langensalza in Thüringen. Er soll seine kaufmännische Lehre bei einem Geschäftsfreund fortsetzen. Clemens schockiert die »Damen- und Jungfrauenschaft« des Kreisstädtchens, indem er in papageiengrünem Rock, scharlachroter Weste und pfirsichblütenfarbenen Beinkleidern herumspaziert. Das Lehrverhältnis wird schon nach drei Monaten wieder beendet. Immerhin sieht die Familie nun endgültig ein, daß der Junge zum Kaufmann nicht taugen will. Man schickt ihn zu seinem Onkel, Carl la Roche, der in Schönenbeck bei Magdeburg eine königliche Saline leitet. Dort soll Clemens sich auf das Studium der Bergbauwissenschaften vorbereiten. Da stirbt der Vater. Jetzt ist Clemens plötzlich bereit, obwohl dies die »Zerstörung seiner schönsten Hoffnungen« bedeutet, seinen Lieblingsstudien zu entsagen und zum Wohl der Familie in der Handelsfirma in Frankfurt mitzuarbeiten:

Mein Vater, ich bin offenherzig, war wohl die Hauptursache, warum ich den Handel verließ, in Frankfurt seinem Pulte, seinen mürrischen Launen gegenüber an das Copierbuch angenagelt zu sein – ein scharmantes Leben. Unser ganzes Hauß... war ein traurigerer Aufenthalt für mich als der Kerker.

Aber sein Stiefbruder und Vormund, Franz, ist gewarnt. Er geht auf Clemens' Anerbieten nicht ein. Der fühlt sich mißverstanden, bevormundet, abgelehnt. Zum Studium hat er nun auch keine rechte Lust.

Es halten mich nur wenige Menschen für gut, und ich werde nie eine Geliebte finden, denn ich bin abschreckend geworden, durch die Jahre, die ich in der Despotie der Erziehung verseufzte.

Clemens Brentano: mit zwanzig ein Suchender, ein Verletzter, ein Zerrissener – ein Ausgeflippter. Nach einem kurzen Zwischenspiel in Halle und einer gesundheitlichen und seelischen Krise, die ihn nach Frankfurt zurücktreibt, holt er sich dort die Zustimmung seines Stiefbruders für ein Medizinstudium in Jena. In Wirklichkeit findet man ihn dort weit häufiger in dem Salon von Karoline Schlegel als in der Anatomie. Der Goethe-Enthusiasmus der Jenaer Studenten und Professoren bestärkt ihn in seinem Wunsch, seinem literarischen Talent zu leben. Poetische Spiele hat er verfaßt, den ersten Teil seines »verwilderten Romans«, *Godwi*, fast abgeschlossen.

Ist schon das äußere Leben dieses jungen Mannes aus reichem Haus unruhig genug verlaufen, so spiegelt sich im ständigen Wechsel der Studienfächer auch eine innere Zerrissenheit. Seitdem er die Mutter verloren hat, ist er wie ein Besessener auf der Jagd nach Liebe. Eine enge Bindung hat – nicht zuletzt durch die gemeinsamen Kindheitserlebnisse – zwischen ihm und seiner um zwei Jahre älteren Schwester Sophie bestanden. Diese stirbt am 19. September 1800 in Oßmannstädt im Hause Wielands im Wahnsinn.

Im selben Jahr wird Clemens von Sophie Mereau, Schriftstellerin, in unglücklicher Ehe mit einem Professor der Rechtswissenschaften in Jena verheiratet, vorerst abgewiesen, wahrscheinlich, nachdem sie von seiner Werbung um Minna Reichenbach in Altenburg gehört hat. Zudem bemüht sich Friedrich Schlegel zu dieser Zeit um sie. Er schreibt ihr: »Mein süßes Kind, bleibe leicht, werde lustig und sei liederlich.«

Der Student und Dichter Clemens Brentano und der Literaturhistoriker und Kritiker Friedrich Schlegel waren nicht die einzigen Männer, die der recht bekannten Schriftstellerin schöne Augen machten. »Ja, ja, Meeräffchen (die Mereau) hat dem Angebrennten (Clemens Brentano) eclatanten Abschied gegeben, so daß er nicht angebrennt, sondern ganz abgebrennt ist« – so eine maliziöse Meldung aus den Kreisen der Jenaer Literaturmaffia.

Clemens Brentano setzt 1800, nach dem Tod seiner Lieblingsschwester Sophie und dem Abschied von der Mereau, die 15jährige Bettine als seine Vertraute ein.

Ende Mai 1801 beginnt in Göttingen, wo Clemens sein Studium fortsetzt, seine Freundschaft mit dem sich mehr und mehr der Literatur zuwendenden, aus einer preußischen Landjunker-Familie stammenden Achim von Arnim, den er, wie schon zuvor erfolglos seinen Studienfreund Friedrich Carl von Savigny, ermuntert, sich in Bettine zu verlieben. Es ist bezeichnend für Clemens' Furcht vor Liebesverlust, daß er immer wieder bemüht ist, zwischen seinen Freunden und seinen Schwestern Ehen zu stiften.
Auch für die Günderrode ist Clemens mehrfach vorübergehend entflammt gewesen. Ihr scheinen Clemens' literarische Versuche gefallen zu haben. Im übrigen hat sie sich gegenüber seinen wilden, manchmal geradezu schamlos-exhibitionistischen Gefühlsausbrüchen unsicher-zögernd gezeigt.
Die Beziehung zwischen der von G. und Bettine hat stark erotische Züge gehabt. Ihr ist eine Freundschaft mit Gundula Brentano vorausgegangen. Um diesen Strudel von Emotionen, Liebe und Eifersucht, Anziehungen und Abstoßungen in diesem Kreis junger Intellektueller der Frühromantik muß man wissen, will man den psychischen Zustand, in dem sich die von G. befunden haben muß, recht begreifen.
In die Trauer über den Tod der von G. und den Schauder über die Todesumstände mögen sich bei Bettine auch Fragen gemischt haben. Da gab es Geheimnisse, hinter die sie nicht gedrungen war, Reaktionen, die sie nicht verstand, wie eng sie auch mit Karoline befreundet gewesen sein mochte.

Die Geschichte des kurzen Lebens der Karoline von G. ist vor allem die Geschichte einer leidenschaftlich Liebenden. Die Unbedingtheit ihres Liebesanspruches, die Vorstellung, daß man, ohne heftig zu lieben, schon bei lebendigem Leibe gestorben sei, teilte sie mit Bettine, die einmal ausrief: »Alles aus Liebe, sonst geht die Welt unter!«
Es ist aber auch die Geschichte einer begabten jungen Frau, die dem Leben entzogen wurde und die sich mit aller Leidenschaft aus den Rollen zu befreien versuchte, die ihr nach den Normen der damaligen Gesellschaft zudiktiert waren.

Leicht über Thäler, über Hügel
Trug mich der kecken Wünsche Lauf
Und keines Hindernisses Zügel
Hielt den vermeßnen Schwärmer auf.
Die Spuren großer Männertaten,
Was Güte Himmlisches getan
Und was die Weisheit gut beraten,
Allmächtig zog mich alles an...

Dieses Zitat aus einem Gedicht der Karoline von G. bedarf der Übersetzung aus der zur Mythologisierung und zur Abstraktion neigenden lyrischen Kunstsprache von damals.
In heutiger Sprache heißt das wohl: da ist jemand, der will sich in seiner Jugend allen nur möglichen Erfahrungen aussetzen, will es den großen Männern gleichtun, will seine Sensibilität schärfen, will denken lernen. Ein anspruchsvolles, aber kein unrealistisches Programm für einen jungen Mann, damals wie heute. Aber dies ist kein junger Mann. Dies ist eine junge Frau.
Wohin dieser Anspruch Karoline von G. schließlich brachte, läßt ein Ausschnitt aus einem Brief an ihre Freundin Lisette Nees aus dem Juli 1806 ahnen:

Nach mir fragst Du? Ich bin eigentlich lebensmüde. Ich fühle, daß meine Zeit aus ist und daß ich fortlebe nur durch einen Irrtum der Natur; dies Gefühl ist zuweilen lebhafter in mir, zuweilen blässer. Das ist mein Lebenslauf. Adieu Lisette...

Wie konnte es dazu kommen?

Karoline Friederike Louise Maximiliane von G. wird am 1. Februar 1780 in Karlsruhe geboren, wo ihr Vater, Freiherr Hektor Wilhelm von Günderrode, markgräflicher Kammerherr war.
Nach seinem Tod 1786 zieht seine Witwe Louise, die von Zeitgenossen als eine schöne und geistreiche Frau geschildert wird, mit ihren Kindern nach Hanau. Sie verkehrt dort am Hofe des Erbprinzen Wilhelm von Hessen-Kassel und seiner Frau Augusta, der Schwester Friedrich Wilhelms III. von Preußen. Karoline darf hin und wieder auch mit zu Hofe. Sie führt in diesen

Jahren ein keineswegs freudloses Leben mit vielen geistigen Anregungen und Freundschaften zu jungen Leuten unterschiedlichen Standes.
In Hanau sterben 1794 und 1801 ihre Schwestern Luise und Charlotte, die eine an Auszehrung, die andere an Nervenfieber.
Mit siebzehn Jahren wird Karoline auf das drängende Bittgesuch ihrer Mutter, die in finanzielle Schwierigkeiten geraten zu sein scheint, am 24. Mai 1797 in das Cronstettische Adlige Damenstift in Frankfurt/Main aufgenommen.
»... ein Geschöpf voll Anmut und Würde, ungemein schön, sehr stattlich, blauäugig, dunkelhaarig, zart, oft von Kopf- und Augenschmerzen geplagt«, so wird Karoline von G. geschildert.
Zur Zeit ihres Eintritts sind die ursprünglich recht strengen Regeln des Stifts, z.B. dunkle Kleidung, kein Besuch, außer von Verwandten, Verzicht auf Tanzen und Reisen und Theaterbesuche, schon erheblich gelockert. Karoline trägt die Stiftstracht nur bei offiziellen Anlässen, empfängt in ihren beiden Kammern zu ebener Erde Besuch, geht ins Theater, nimmt an Festen teil, verreist häufig und oft auch für längere Zeit.
Neben einer ausgedehnten Korrespondenz stehen lyrische und dramatische Versuche, die sie mit dem Pseudonym *Tian* zeichnet.
Zwar gab es einzelne Frauen, die sich recht erfolgreich literarisch betätigten – man denke an Bettines Großmutter, Sophie la Roche, oder auch an Sophie Mereau –, aber man darf von solchen Ausnahmen her keine Rückschlüsse auf die allgemeine Konvention ziehen. Immer noch galt es als ungehörig und frivol, wenn eine Frau etwas drucken ließ – bei einer Stiftsdame allemal.
Gewiß, in der Romantik verändert sich das überkommene Rollenbild von Mann und Frau. Vor allem Friedrich Schlegel wird durch seine Aktualisierung der antiken Frauengestalten auf die geschichtlichen Möglichkeiten der Frau aufmerksam machen. Aber wir stehen hier erst am Anfang der Frühromantik. Solche Gedanken, solche Wünsche, wie sie sich auch bei Karoline von G. geregt haben mögen, sind bisher noch etwas Unsanktioniertes. Intellektuelle Interessen einer Frau rufen Mißtrauen hervor. Bei jungen Männern häufiger Ablehnung denn Bewunderung.
In diese Zeit fällt wohl auch die erste Begegnung mit Bettine

Brentano, die sie im Haus von Bettines Großmutter, Sophie la Roche, in Offenbach trifft. Die alte Dame, eine emanzipierte Frau, deren gefühlvolle Romane damals viel Anklang fanden, hatte die Enkelin, die 1793 die Mutter und 1796 den Vater verloren hatte, aus der Klosterschule in Fritzlar zu sich geholt.
Sophie la Roche hat alle Mühe, das phantasievolle, vitale und über Konventionen spottende Mädchen Bettine zu zügeln, das beispielsweise bemerkt: »Meinungen von geistreichen Männern zu hören, was der Großmama ihre Passion ist, das scheint mir leeres Stroh, liebe Großmama.«
»Du kannst doch nicht leugnen, liebes Kind, daß sie die Welt verstehen und dazu berufen sind, sie zu leiten?«...
»Nein, liebe Großmama, mir scheint vielmehr, daß ich dazu berufen bin.«
»Geh, schlaf aus, du bist e närrisch's Dingele.«
Ein andermal las Bettine der Großmutter aus ihrem Tagebuch vor. Darin ist von Ängsten die Rede, von einem Fels abzustürzen.
»Auch im Geist kann man sich versteigen, mein Kind«, antwortet Sophie la Roche und erzählt ihr die Geschichte des Kaiser Maximilian auf der Martinswand und daß ihn Engel da wieder heruntergetragen hätten, so sage man, aber nicht immer seien diese zu solcherlei Hilfeleistung bereit, wenn sich jemand mutwillig versteige.
»Was brauch' ich denn wieder herunter, liebe Großmama, wenn ich mich oben erhalten kann? Könnte ich nicht auch ein Wolkenschwimmer werden?«
»Kind meiner Maxe«, spricht la Roche, »was hast du doch für wunderliche Gedanken.«
Auch gegen die reglementierenden Briefe ihres Bruder Clemens setzt sich Bettine zur Wehr:

Das gelob ich Dir, daß ich nicht mich will zügeln lassen, ich will auf etwas vertrauen, was so jubelt in mir, denn am End' ist's nichts anderes, als das Gefühl der Eigenmacht.

Oder:

...ich kann's nicht weiter ausdrücken, ich kann nur sagen, was auch in der Welt für Polizei der Seele herrscht, ich folg ihr nicht, ich stürze mich als brausender Lebensstrom in die Tiefe, wohin's mich lockt.

Über solchen Stimmungen, denen sich Bettine zumeist völlig überließ, während bei Karoline doch auch immer wieder ein ausgeprägtes Pflichtgefühl durchbricht, werden die beiden sich miteinander angefreundet haben.

Im Sommer 1799 verliebt sich Karoline in Friedrich Carl von Savigny. Der recht wohlhabende junge Mann ist früh Waise geworden und in Frankfurt im Haus seiner Großmutter aufgewachsen, durch die auch das Hofgut Trages bei Gelnhausen in den Besitz der Familie gekommen ist. Savigny, zu diesem Zeitpunkt zwanzig Jahre alt, studiert Jura.
Die Frankfurter Familie des Freiherrn von Leonardi besitzt in der Stadt ein großes Haus an der Zeil, in dem häufig Gesellschaften stattfinden. Außerdem gehört den Leonardis ein Gut in Lengfeld, unweit dem Otzberg im nördlichen Odenwald, mit großem Garten und altem Baumbestand, wohlgeeignet für Feste und Feiern, zu denen in diesen Jahren Frau von Leonardi, die Witwe des Kaiserlichen Rats Peter von Leonardi, mit ihren Söhnen und Töchtern befreundete junge Leute aus Adelsfamilien und dem gehobenen Bürgertum einlädt.
Auf einem dieser Feste sind sich Karoline G. und Savigny zum erstenmal begegnet.
Am 4. Juli 1799 spricht sich Karoline in einem Brief gegenüber ihrer mütterlichen Freundin, Frau von Barkhaus aus:

Zürnen möcht ich mir selbst, daß ich mein Herz so schnell an einen Mann hingab, dem ich wahrscheinlich ganz gleichgiltig bin, aber es ist nun so, und mein einziger Trost ist, bei Ihnen Beste, freundliche Teilnahme zu suchen...

Frau von Barkhaus antwortet:

Er ist gewiß ein Mann, der allgemeine Achtung verdient, und wer sich einstens das Weib dieses Mannes nennen kann, hat gewiß ein beneidenswertes Los... allein sein einsames Leben hat seine Gefühle sehr hoch gespannt, und er hat sich daher ein Ideal geschaffen, das er schwerlich in dieser Welt realisiert finden wird. Er sieht daher alles aus einem ganz anderen Gesichtspunkt an und über seine künftige Bestimmung ist er noch völlig unentschieden.

Karoline an Frau von Barkhaus:

Hanau d. loten Juli 1799

Ich fühle es nur zu sehr wie weit ich von dem Ideal entfernt bin, daß sich ein S. erträumen kann als daß ich hoffen dürfte; gewis wird er ein Mädchen finden das seiner Liebe würdiger ist als ich, und beinahe liebe ich ihn zu sehr, zu uneigennützig um zu wünschen er möchte sein Ideal nicht finden; ich weis selbst nicht was im innern meines Herzens vorgeht, mit welcher Hoffnung ich mich trotz jenem traurigen Bewußtsein hin halte, aber doch ist's so, ich kann es nicht verbergen, ein leiser dunkler Glaube in mir... wie freute ich mich an jenem Morgen in Lengfeld wie wir Geschwister wurden*, Bruder nannte ihn meine Seele mit einer heiteren Innigkeit die nicht größer, nicht reiner hätte sein können hätte ich ihn Geliebter genannt.

Karoline und Savigny begegnen sich, nicht zuletzt durch die gemeinsamen Bekannten, häufig: in Frankfurt, in Marburg, auf dem Landgut Trages, in Hanau, bei Hanau in Wilhelmsbad.
Was ihn angeht, so ist das Verhältnis ein Flirt, Zuneigung, Freundschaft, mit Augenblicken, die dem Verliebtsein nahekommen, Bewunderung für eine schöne Seele.

Karoline von G. mag sich immer wieder Hoffnungen gemacht haben, daß mehr daraus werden könne als eine Seelenfreundschaft, ein Flirt. Aber gerade das, was Savigny an ihr schätzt, ihre Belesenheit, ihr Interesse an Philosophie und Dichtkunst, hält ihn davon ab, sie als Ehefrau in Erwägung zu ziehen. Er, der

* wahrscheinlich: uns duzten

angehende Rechtsgelehrte, will eine Frau für Küche und Kinderzimmer, um es ganz grob zu sagen, keine Schriftstellerin, keinen weiblichen Schöngeist, der sich mit den neuesten Werken der Belletristik und Philosophie auseinandersetzt. Karoline von G. am 17. Juli 1799 aus Hanau an Frau von Barkhaus:

...bisher las ich auch sehr viel in Herders Ideen zur Philosophie der Geschichte der Menschheit, bei allen meinen Schmerzen ist mir dies Buch ein wahrer Trost, ich vergesse mich, meine Leiden und Freuden in dem Wohl und Wehe der ganzen Menschheit, und ich selbst scheine mir in solchen Augenblicken ein so kleiner unbedeutender Punkt in der Schöpfung, daß mir meine eigenen Angelegenheiten keiner Thräne, keiner bangen Minute werth scheinen. Nur schade, daß dies Gefühl nicht lange dauert, bald darauf fordert mein eigner Kummer wieder alle die Theilnahme, die ich vorher nur der Menschheit geben konte und wollte. Es ist sehr traurig bemerken zu müssen, wie uns der Egoismus allenthalben nachschleigt, und uns oft da am nächsten ist wo wir ihn am fernsten von uns glauben.

Nachdem Savigny 1803 eine Professur in Marburg erhalten hat, verlobt er sich mit Gunda Brentano, Bettines älterer Schwester und Karolines gleichaltriger Freundin.
Daß Savigny, selbst noch, nachdem er sich für Gunda Brentano entschieden hat, es nicht lassen kann, seinerseits die Glut unter der Asche wieder anzufachen, beweist der folgende Brief an Karoline aus dem Dezember 1803:

Ich wollte Ihnen sagen, daß es entsetzlich unnatürlich zugehen müßte, wenn wir beide nicht sehr genaue Freunde werden sollten. Sie glauben nicht, mit welcher Klarheit und Gewißheit ich einsehe, daß die Natur diesen Plan mit uns hat... nur etwas ist schlimm. Ich stehe Ihnen gar nicht dafür, daß ich mich nicht zu Zeiten etwas in Sie verliebe, und das soll der Freundschaft Abbruch tun... Man spricht viel von den Leiden des jungen Werther, aber andere Leute haben auch ihre Leiden gehabt, sie sind nur nicht gedruckt worden.

Die Tragik dieser Vorgänge ist nicht zuletzt darin zu sehen, daß Karoline von G. nicht nur den geliebten Mann verlor, sondern daß dieser auch noch eine ihrer engsten Freundinnen heiratet.

Was Savigny, der durchaus sensibel genug ist, um diese Tragik wahrzunehmen, schließlich anbietet, ist eine Freundschaft aller zu jedem, orientiert an den idealistischen Freundschaftsbünden dieser Zeit. Savignys Rolle dabei erinnert allerdings sehr an die des Hahns im Korbe.
Savigny an Karoline von G.:

Marburg den 18ten Dezember 1803

Lieb Günderrödchen, es war doch sehr schön, daß Sie nach Trages gekommen sind. Vorallem deswegen, weil Sie jetzt gewiß nicht mehr blos mein Freund, sondern auch unser Freund sind. Nicht wahr, so ist es? Sie haben angefangen zu fühlen, was Sie sonst nur für einen Irrtum hielten, daß zwei unter uns dreyen eins sind. Das hätten Sie nun freylich auch in Zukunft gewiß empfunden, aber so ist es viel schöner. Erstens weil es freyer ist, und zweitens, weil Sie jetzt mehr und anders als vorher mit meinem Gundelchen zusammen sein werden. Seine jetzige Umgebung ist so unheimlich, und ich kann nichts dazu tun, sie heimlicher zu machen, aber Sie können es.

Zumindest nach außen hin scheint Karoline bereit gewesen zu sein, die ihr von Savigny zugedachte Rolle als ›Hausfreundin‹ zu akzeptieren.
Am 17. April 1804 heiraten Savigny und Gunda in dem hessischen Städtchen Meerholz, fern von Freunden und Verwandtschaft. Am 1. Januar 1804 hat Karoline von G. an Savigny geschrieben:

Ja, lieber Savigny! Ich glaube an Gundelchens Vortrefflichkeit und will mir gern ein Recht auf Euch erwerben. Ich finde unser neues Verhältnis sehr schön und frei, aber ich wollte, daß irgend ein sichtbares Band mich an Euch bände, wenn ich doch Ihr Bruder wäre oder Gundelchens Schwester; ich würde es nicht schöner finden, aber sicherer. Die Verhältnisse der Verwandtschaft sind so unzerstörbar und kein Schicksal kann sie auflösen, das gefällt mir und könnte mich noch viel ruhiger und glücklicher machen als ich es jetzt bin.

Während sich Karoline endlich damit abfinden muß, dem geliebten Mann nur Freundin und Schwester zu sein, gewinnt die

Freundschaft mit der um fünf Jahre jüngeren Bettine Brentano zunehmend an Intensität. Bettine schreibt darüber:

Sie hat mich zuerst aufgesucht in Offenbach. Sie nahm mich bei der Hand und forderte, ich solle sie in der Stadt besuchen. Nachher waren wir alle Tage beisammen, bei ihr lernte ich die ersten Bücher mit Verstand lesen. Wir lasen vom Jupiter Olymp des Phidias, daß die Griechen von ihm sagten, der Sterbliche sei um das Herrlichste betrogen, der die Erde verlasse, ohne ihn gesehen zu haben. Die Günderrode sagte, wir müssen ihn sehen, wir wolln nicht zu den Unseligen gehören, die so die Erde verlassen.
Wir machten ein Reiseprojekt, wir erdachten unsere Wege und Abenteuer, wir schrieben alles auf, wir malten alles aus, unsere Einbildung war so geschäftig, daß wirs in Wirklichkeit nicht besser hätten erleben können; oft lasen wir in dem erfundenen Reisejournal, und freuten uns der allerliebsten Abenteuer, die wir erlebt hatten, und die Erfindungen wurden gleichsam zur Erinnerung, deren Beziehung sich noch in der Gegenwart fortsetzte. Von dem, was sich in Wirklichkeit ereignete, machten wir uns keine Mitteilung.

Die temperamentvolle Bettine kam der älteren, gesetzteren und trotz aller Schüchternheit offenbar sichereren Freundin mit einer Leidenschaftlichkeit entgegen, die Karoline manchmal etwas erschreckt haben mag.
Bettine an Karoline: »Durch dich feuert der Geist wie Sonne durchs frische Laub feuert. Wenn du nicht wärst, was wäre mir die ganze Welt.«
Oder an anderer Stelle: »Kein Mensch vermag über mich aber Du . . . ich will nicht frei sein, ich will Wurzeln fassen in Dir.«
Der philosophische Anstrich, den sich die folgende Rollenphantasie gibt, verdeckt nur schwach die überschwänglich-pubertäre Erotik, die bei Bettine mit im Spiel war:

Weißt Du was, Du bist der Platon, und Du bist dort auf die Burg verbannt, und ich bin Dein bester Freund und Schüler Dion, wir lieben uns zärtlich und lassen das Leben für einander . . . ja, so will ich Dich nennen künftig, Platon! – Und einen Schmeichelnamen will ich Dir geben, Schwan will ich Dich rufen, wie Dich der Sokrates genannt hat, und Du ruf mich Dion.

Was die Frankfurter Bürger von dieser Mädchenfreundschaft dachten, geht aus dem folgenden Brief der Karoline von G. an Bettine hervor, den sie ihr schrieb, als diese sich mit den Verwandten in Schlangenbad aufhält:

Ich ging heute hinaus vors Gallustor, als der Sonnengott hinabstieg, weil Du meinst, es sei meine Zeit mit ihm; ich war auch da ganz durchdrungen von seiner Gegenwart, allein beim Nachhausegehen verdarben mir zwei Frankfurter Philister die Andacht, die hinter mir gingen und von Dir und mir sprachen; die Frau sagte zum Mann: Im Stift wird dem Mädchen noch ganz das Konzept verdorben, daß sie am End ganz närrisch wird; sie ist schon zu allen Torheiten aufgelegt, sie soll im Stiftsgarten immer aufs Dach steigen vom Gartenhaus oder auf einen Baum und von da herunterpredigen – und die lange Geiß, die G., steht unten und hört zu. – Jetzt gingen sie an mir vorüber, ich erkannte die Frau Euler mit ihrer Tochter Salome und den Doktor Lehr; der erkannte mich in der Dämmer und sagte es ihr; sie blieb stehen und sah mich an, bis ich wieder an ihr vorbeigegangen war, was doch gewiß noch dummer war, als wenn ich unterm Baum stehen blieb, wo Du predigst.

Karoline reagiert auf Bettines Überschwang häufig mit liebevoller Zurechtweisung, die trotz des ironisch sich distanzierenden Tonfalls keinen Zweifel darüber läßt, was dieses phantasiesprühende, koboldhafte und gefühlsstarke Mädchenkind ihr bedeutet haben mag.
Während Bettines Abwesenheit sucht Karoline im Zimmer der Freundin zwei Bücher, die aus der Stadtbibliothek entliehen waren und zurückgegeben werden müssen:

In Deinem Zimmer sah es aus wie am Ufer, wo eine Flotte gestrandet... der Homer lag aufgeschlagen an der Erde, Dein Kanarienvogel hatte ihn nicht geschont. Deine schöne erfundene Reisekarte des Odysseus lag daneben und der Muschelkasten mit den umgeworfenen Sepianäpfen und alle Farbenmuscheln drum her, das hat einen braunen Fleck auf Deinen schönen Strohteppich gemacht... Dein Flageolet, was Du mitnehmen wolltest und vergeblich suchtest, rat, wo ich's gefunden habe? – Im Orangenkübel auf dem Altan war es bis ans Mundstück in die Erde vergraben. Du hofftest wahrscheinlich einen Flageoletbaum da bei Deiner Rückkehr aufkeimen zu sehen... Siegwart, ein Roman der Vergangenheit, fand ich auf dem Klavier, das Tintenfaß draufliegend, ein Glück, daß es nur wenig Tinte mehr enthielt, doch wirst Du Deine Mondscheinkomposition, über die sich seine Flut ergoß, schwerlich mehr entziffern... Unter Deinem Bett fegte die Liesbet »Karl den Zwölften« und die Bibel hervor, und auch – einen Lederhandschuh, der an keiner Dame Hand gehört, mit einem französischen Gedicht darin... zwei Briefe habe ich auch unter den vielen beschriebenen Papieren gefunden, noch versiegelt... wie ist's möglich, wo Du so selten Briefe empfängst, daß Du nicht neugierig bist, oder vielmehr so zerstreut?

Die Erwähnung des Handschuhs verweist auf Achim von Arnims Besuch in Frankfurt, Offenbach und auf Trages während einer Woche im Juni 1802, wo er zum erstenmal Bettine und Karoline begegnet. Anschließend ist er mit Clemens den Rhein hinuntergefahren bis Koblenz, hat sich dort von ihm getrennt, reist allein nach Düsseldorf, trifft sich noch einmal in Koblenz auf der fliegenden Rheinbrücke mit dem Freund, hält sich darauf noch einmal kurz in Frankfurt auf, um dann für mehrere Jahre auf seine große Bildungsreise nach Italien, Frankreich und England zu gehen, von der er erst im August 1804 nach Deutschland zurückkehrte.

Über einen Ausflug zu dritt, wohl bei dem zweiten Besuch Achims, berichtet Bettine an Clemens:

Karoline und ich zankten miteinander, daß wir kein Vertrauen hätten und wollten nicht gestehen, daß wir ihn doch liebten, dann rechtfertigten wir uns, daß wir es nicht täten, weil jede geglaubt hatte, daß die andere ihn liebe, dann versöhnten wir uns, dann wollten wir großmütig einander ihn abtreten, dann zankten wir wieder, daß jede aus Großmut so eigensinnig war, ihn nicht haben zu wollen. Es schien ernst zu werden, denn ich sprang auf und wollte mein Bett von dem ihren wegrücken aus lauter Zorn, daß sie den Achim nicht wollte. Auf einmal hören wir husten und sich tief räuspern. Ach, der Achim war durch eine dünne Wand nur von uns geschieden, er konnte deutlich alles vernehmen, er mußte es gehört haben. Ich sprang ins Bett und deckte mich bis über die Ohren zu.

Uns klopfte das Herz wohl eine halbe Stunde, keins muckste mehr die ganze Nacht. Am anderen Morgen ... wir mußten zum Frühstück! Wir setzten uns mit dem Rücken gegen die Tür, um ihn nicht gleich sehen zu müssen, was half der eine Augenblick, wir mußten ihm ja doch die Sträußchen abnehmen, die er eben aus dem Feld mitbrachte, Vergißmeinnicht – Ach, nun war's gewiß, daß ers gehört hatte ...

Und was den Handschuh betrifft – Bettine an Clemens:

Der Arnim gab mir seinen Handschuh und bat, den zerrissenen Daumen zu flicken. – Ich habs getan, Clemente. Ach aller Anfang ist schwer, der Handschuh duftete so fein, so vornehm. – Ein grauer Handschuh von Gemsleder, ich habe ihn mit Hexenstichen benäht, er zog ihn gleich an, den linken Handschuh aber ließ er liegen und promenierte mit seinem Stock neben uns. Ich warf seinen vergessenen Handschuh unter den Tisch, ich dachte, da mag er liegen, wenn er ihn zurückläßt, dann hebe ich ihn zum Andenken auf, denn er geht ja morgen fort ... Der Arnim ist fort! – er hat den Handschuh zurückgelassen.

Achim erscheint die ganze Brentano-Familie »eine Verbindung aus Feuer und Magnetismus«, und Bettine ist eine »höhere Vereinigung von beiden«.
Nur Karoline hat dafür Verständnis, wenn Bettine, die inzwischen aus Offenbach endgültig in das ›Haus zum Goldenen Kopf‹ und in die Familie ihres Vormundes und Stiefbruders Franz Brentano übersiedelt ist, den kranken Hölderlin in Bad Homburg besuchen will, was bei fast allen Verwandten Entsetzen bis Empörung hervorruft.
Bettine an Karoline:

Aber wenn ich wüßte, wie ich's anfing, so ginge ich hin, wenn Du mitgingest, Karoline, und wir sagten's niemand, wir sagten, wir gingen nach Hanau. Der Großmutter dürften wir's sagen, die litt's. Ich hab heute auch mit ihr von ihm gesprochen und ihr erzählt, daß er dort an einem Bach in einer Bauernhütte wohnt, bei offenen Türen schläft, und daß er stundenlang beim Gemurmel des Baches griechische Oden hersagt. Die Prinzeß von Homburg hat ihm einen

Flügel geschenkt, da hat er die Saiten entzwei geschnitten, aber nicht alle, so daß mehrere Klaves klappen, da phantasiert er drauf, ach, ich möcht wohl hin, mir kommt dieser Wahnsinn so mild und groß vor... Ich darf ihn (Hölderlin) hier in Frankfurt gar nicht nennen, da schreit man die fürchterlichsten Dinge über ihn aus, bloß weil er eine Frau geliebt hat, um die Hyperion zu schreiben, die Leute nennen hier lieben: heiraten.

Im Jahr 1978 erscheint ein Buch mit dem Titel *Hölderlin*, in dem der Franzose Pierre Bertaux unter anderem den Nachweis zu führen versucht, Hölderlin sei nicht geisteskrank gewesen, nur anders als jene, die sich für die Norm halten. Ob Bertaux' Beweisführung schlüssig ist oder nicht, darüber kann man gewiß streiten. Aber ausgehend von dem »Fall Hölderlin« fordert Bertaux, Anderssein müsse ein Menschenrecht werden, wenn es auch in keiner der bisherigen Erklärungen der Menschen- und Bürgerrechte proklamiert wurde.
Bettines Urteil über ihren Zeitgenossen Hölderlin entspricht recht genau der These und den Forderungen Bertaux'. Auch sie hält Hölderlin nicht für verrückt. Auch sie fordert das Recht, anders sein zu dürfen.
Bei vielen der Frühromantiker zeigt sich ein verändertes Bewußtsein, Bereitschaft zur Abweichung von dem, was allgemein verbindliche Norm war. Auch Karoline wird ähnlich gedacht haben. Manche Sätze Hölderlins müssen ihr wie Feststellungen über ihr eigenes Lebensgefühl vorgekommen sein: »Wer mit ganzer Seele wirkt, irrt nie.«
Es ist Karoline, die Bettine zum systematischen Lernen anhält und ihr eigene lyrische Versuche zu lesen gibt, die sie 1804 und 1805 unter ihrem Pseudonym *Tian* veröffentlicht. Die Intensität der Beziehungen zwischen Bettine und Karoline läßt wohl auch den Schluß zu, daß die von G. trotz zahlreicher Bekannter und Brieffreundschaften ziemlich isoliert gewesen ist, zumal es in diesen Jahren wegen Erbschaftsstreitigkeiten auch zu einer zunehmenden Entfremdung von der in Hanau lebenden Mutter gekommen ist.
Karolines Verlangen, eine menschliche Beziehung zu jemandem

herzustellen, der ihr auch in Hinblick auf ihre literarischen und intellektuellen Ambitionen ein gleichwertiger oder überlegener Partner war, muß groß gewesen sein.

Karoline *ist* schwierig. Gegenüber Gunda bekennt sie ihre Schwierigkeiten, Freundschaften zu schließen und über längere Zeit ohne Verstimmungen aufrecht zu erhalten. Sie kennt ihre Neigung, von ihren Freunden vor allem Selbstbestätigung zu erwarten:

Mir scheint es so süß, von ausgezeichneten Menschen geliebt zu sein; es ist mit der schmeichelhafteste Beweis meines eigenen Werthes.

Ich zeige mich nicht immer gern... doch wenn ich mich gezeigt habe, so liebe ich es unmäßig mich wieder in andern zu erblikken; denn ich hoffe der Andere wird mich ein schöneres Gemählde sehen lassen als ich selber erblikke.

Friedrich Carl von Savigny nennt das ihre »Narzißnatur«.

Bei Freunden und Bekannten vermißt Karoline »allzu oft... die Geduld und Kraft... mich zu ertragen wie ich bin«, fühlt sich selbst aber ihnen gegenüber zu dieser Haltung ebenso unfähig: »Ich habe für manche Fehler gar keine Geduld, am wenigsten an Menschen, die ich lieben mögte.«

Wenn man von Karolines »Schwierigkeiten« und den Reaktionen ihrer Freunde spricht, gilt es auch zu sagen, daß es Schwierigkeiten sind, die sich aus ihrer Isolation und aus ihrem Anderssein ergeben. Es sind Schwierigkeiten, wie sie Frauen, die sich um ihre Emanzipation bemühen, auch heute noch haben. Die Notwendigkeit, von einem »ausgezeichneten Menschen« schmeichelhafte Beweise des eigenen Wertes geliefert zu bekommen, ist die Folge der Erfahrung als Frau, eingeengt, diskriminiert, herabgewürdigt zu werden. Und so wenig Geduld zu haben – rührt das nicht vielleicht daher, daß die eigene Geduld, die Geduld des weiblichen Geschlechts zu oft auf die Probe gestellt worden ist?

Das Empfinden, innerlich abzusterben, quälte Karoline häufig.

So beschränkt in äußern so verstimmt im Innern... es freut mich nichts, es schmerzt mich nichts bestimmt, ich bin in dem elendesten Zustand, dem des Nichtfühlens, des dumpfen kalten Dahinschleppens. In diesem Zustand hasse ich mich selbst. Es ist ein häßlicher Fehler von mir, daß ich so leicht in einen Zustand des Nichtempfindens verfallen kann, und ich freue mich über jede Sache, die mich aus demselben reist.

Ende 1802 schreibt Clemens Brentano, der ein rastloses Leben führt, schreibt, reist, liebt, an seinen Bruder Christian, der in Jena studiert:

Nichts kann die Erinnerung an die Mereau in mir vernichten. Gott weiß es, ich liebe treu und sterbe treu, freudelos, leidenlos. Wenn Du sie siehst, so sehe sie recht an, betrachte sie, sie ist der einzige lebende Punkt meines Lebens; und so ist das Leben von mir getrennt.

Am 10. Dezember 1802 schickt Sophie Mereau Clemens ein Bild seiner Mutter zurück, das sie noch in Verwahrung hat. Clemens antwortet auf zwanzig Quartseiten und erzählt in diesem Erguß unter anderem:

Ich habe mich ein Vierteljahr in Düsseldorf aufgehalten, wo mich sowohl die Galerie als die Gestalt einer kleinen Frau festhielt, die Ihnen mehr ähnlich ist als irgendein Weib... morgens saß ich einsam in der Galerie, wo ich vergebens ein Bild suchte, das Sie aussprach. Ich fand nur Savigny in Rafaels Johannes, meine Mutter und Karoline von G. in Guido Renis und Dolcis Madonnen, mit denen ging ich ungestört um. Dann saß ich auf meinem einsamen Zimmer und arbeitete eine kleine Oper aus. Ich hätte mich mit der Schauspielerin recht ergötzen können, wäre ich nicht einstens von Ihnen geliebt worden. Werden Sie denn noch immer nicht alt? Ach, in wenigen Monaten bin ich 25 Jahre alt und der Besitzer meines Vermögens! Was wird aus mir werden? Sind Sie noch immer so reizend? Werden Sie ewig in Weimar sitzen bleiben? Und Majer, wird er Ihnen ewig von des Gottes verlorenen Hammer vordichten und von den indischen Göttern...

Die Mereau ist inzwischen geschieden.
Am 27. Mai 1803 – Clemens besucht dort seinen Freund Wrangel, der nach Rußland zurückkehren will – fährt er von Jena nach Weimar, zu Sophie.
Clemens richtet sich auf einen längeren Aufenthalt ein, wohnt in Weimar bei Friedrich Majer und berichtet an Savigny:

Um Sie von meiner Lage zu orientieren. Ich bin in diesem Augenblick in Jena, weil die Mereau auch hier und Wrangel übermorgen abreist. Bis Montag bin ich wieder in Weimar, wo ich bei dem indischen Majer Wohnung und Tisch und mit der Mereau das Bett – noch nicht, aber doch täglich Herz und Sopha teile. Unser erstes Zusammentreffen war für mich durchaus empörend und für sie drückend. Es hat sich alles gefügt. Sie scheint mich zu lieben, und ich bin ihr gut und gebe mich ihr gern. Sie sieht dem Weib, das ich liebte, doch ähnlicher als andere, ich bin täglich einige Stunden mit ihr recht vertraulich...

Im August wollen beide Weimar verlassen. Sophie will nach Dresden, Clemens nach Marburg zurück. Aber seine Abreise zögert sich hinaus:

Ich zeige Dir mit diesen Zeilen an, daß ich armer Schelm hier in Weimar gezwungen bin, Dich zu überleben denn der Lauf der Postwagen nimmt mich erst in der anderen Woche mit. Also gehst Du von mir, ich nicht von Dir, und Du kannst mich im Stiche lassen! O mein göttlicher Sophus, sei kein Unmensch, ich lieb Dich so sehr, so sehr, wie die Fische im Meer. Ich hab Dich so lieb so lieb, wie der Krämer den Dieb.

Offenbar hatten sich Clemens und Sophie darauf geeinigt, miteinander zu leben, aber nicht zu heiraten. Wie die Familien auf diese Mitteilung reagierten, geht aus einem Brief hervor, den Clemens noch aus Weimar an seinen im Ausland lebenden Freund Achim von Arnim schickt:

Meine ganze Familie, meine Großmutter ist in Alarm, denn wir haben uns vier Wochen öffentlich eingebildet, wir würden uns heurathen.

Das hat nun ein Lärmen hier im Lande gemacht, das bis Frankfurt erscholl, wie meine Freunde und Verwandten gegen sie, so die Ihren gegen mich mit einer Wuth, einem Fanatismus – und das Lustigste ist, beide Parteien kennen ihre Gegner nicht und so bin ich seit drei Monden das Gespräch der hiesigen schönen Welt und des Hofes, und jedes Wort, was ich öffentlich rede, wird vor den ennuierten Herzoginnen wiedergekäut. Meine Absicht war anfangs, mit Sophie nach Marburg zu ziehen und sie förmlich zu heurathen, unsere Vermögensverhältnisse sollten sich aber keineswegs vermischen. Sophie hatte gleich anfangs nach unserer Versöhnung erklärt, sie wolle mich nie besitzen. Sie fühle wohl, daß sie zu alt sei, daß ich frei sein müsse, und machte sich anheischig sich zu jeder Art des Lebens mit mir zu entschließen. Ich würde sie nie ganz lieben können, der Gedanke an ihre unglückliche vorige Ehe werde mich wie sie zerreißen. Ich aber war fest entschlossen, sie zu heurathen. Sie willigte ungern mit Thränen ein, und so hatten wir diese Idee einige Wochen schwankend lieb. In diesen Wochen nun sind wir unendlich viel klüger geworden; meine Phantasie glaubte wirklich schon in dieser Ehe zu leben und fühlte sich gebunden und das Leben schwerfällig. Ich äußerte nichts davon. Aber neulich in der Nacht saß ich mit ihr auf einer Gartenbank, da trat der Mondschein und ein Apfelbaum mit in unser Consilium, und sie erklärte feierlich, sie könne mein Weib nicht werden. Sie fühle, wie sie nie den Gedanken ertragen könne, mich irgendwie zu unterdrücken; sie fühle sich unendlich glücklich, mir ein Opfer mit ihrem Ruf, ihrem Leben, ihrer Welt zu bringen. So wolle sie Alles an mir büßen, so mich verdienen, und es ist also beschlossen. In einigen Tagen gehe ich nach Marburg zurück, und Sophie wird auch bald dahin ziehen, dort leben und lieben und arbeiten...

So sieht es Clemens. Ob Sophies Motive, nicht zu heiraten, wirklich nur altruistisches Verständnis für Clemens' Freiheitsbedürfnis gewesen ist oder ob nicht vielmehr auch das Beharren auf der eigenen Unabhängigkeit eine wichtige Rolle gespielt haben mag, steht dahin.

In Weimar brodelt unterdessen die Gerüchteküche. Man erzählt sich, Clemens habe Sophies Wunsch zu heiraten abgewiesen.

Sophie, die Clemens seine Unbesonnenheit und mangelnde Diskretion vorwirft, in einem Brief im September 1803:

Daß alles wahr ist, daran ist leider kein Zweifel. Du schriebst es Deiner Schwester, die es andern zeigte, die la Roche schrieb es mit einem Anstrich gutmütiger Besorglichkeit für mich hierher, ihr Correspondent las es laut bei der Herzogin und so erfuhr ich es wieder, nebst tausend andern Deiner Äußerungen, weil man mein Verhältnis mit Dir für ganz getrennt ansieht und erschrickt, wenn ich vom Gegenteil spreche.

Besänftigend antwortet Clemens:

Heio popeio, sei ruhig, liebes Herz! Schlafe Kindchen schlafe, in Weimar gehn die Schafe, die schwarzen und die weißen, die wollen mein Kindchen beißen.

Und dann klagt er über die »miserable Weimarer Ziererei«:

Ich versichere Dich, ich kann mir keinen ekelhafteren Rahmen um ein Kunstleben denken, als das jämmerliche Nest, das sich zur Poesie wie das Hanswurst-Kleid zum komischen verhält; die Rührung rührt dort immer mit einer Empfindung zum Erbrechen, denn das gebildete Publikum besteht aus einigen verrückten Hofdamen etc.
Wenn ich an Weimar denke, wird mir miserable. Ach, liebe Sophie, eile Dich dahinweg zu kommen, um wieder ganz gescheid und gesund zu werden. Ich bin gerade zur rechten Zeit mit einem blauen Auge davon gekommen.

Immer wieder dringt Clemens auf die Eheschließung. Argumente: Er sei seit dem 8. September nun volljährig und könne über sein ansehnliches Vermögen frei verfügen. Seine Mittel reichten hin, um auch eine Familie zu ernähren.
Sophie Mereaus Entgegnung gibt einen interessanten Einblick in die Klauseln eines Scheidungsvertrages zu dieser Zeit:

Mein Verhältnis mit Mereau* sind folgende. Als ich mich von ihm trennte, verlangte ich nichts von ihm und sprach ihn gern von der

* ihr geschiedener Mann

Zurückgabe des kleinen Eigentums frei, welches ich ihm zugebracht hatte.
Doch als er kurz darauf, zum Theil durch meine Vermittlung, in eine bessre Lage kam, war er ehrlich genug, mir eine jährliche Einnahme von 200 Thalern zuzusichern, bis ich wieder heurathen würde, und in diesem Fall mir ein, seinen Umständen angemessnes Jahrgeld für Hulda zu geben, wobei er sich jedoch das Recht vorbehielt, diese von mir zu entfernen – was er aber, bei der geringsten Rechtlichkeit, nie wollen kann und wird.

Was sie über ihre festen Einkünfte hinaus braucht, will sie selbst verdienen. Doch dann treten Umstände ein, die sie dazu zwingen, den Plan eines Zusammenlebens ohne Heirat fallen zu lassen. Sie ist schwanger.
Ende Oktober schreibt sie an Clemens:

Clemens, ich werde Dein Weib sein – und zwar so bald als möglich. Die Natur gebietet es. Meine Gesundheit, Deine Jugend, meine jetzige Kränklichkeit – ich weiß nicht, warum es mir kostet, Dir es zu sagen, und doch kann ich nicht länger schweigen. Wärst Du bei mir, so wollt' ich Dir es sagen mit einem Kuß, doch will die Feder nicht zu schreiben wagen den Götterschluß. Geheimnisvollstes Wunder, so auf Erden die Götter thun, was nie enthüllt, nie kann verborgen werden – so rathe nun! Denk Schmerz, Lust, Leben, Tod in Einem Wesen verschlungen ruhn, denk daß ein ahnungsvoller Sänger Du gewesen bist – erräthst Dus nun? Ich werde mit Dir glücklich sein, das weiß ich; ob ich es bleiben werde, das weiß ich nicht, aber was geht mich die Zukunft an...

Am 29. November 1803 heiraten Clemens Brentano und Sophie Mereau in Marburg. Getraut werden sie von dem Prediger an der lutherischen Pfarrkirche und Professor für Philosophie, Leonhard Creuzer, dessen Vetter, Friedrich Creuzer, eine Professur in Heidelberg innehat.
Am 11. Mai bringt Sophie einen Sohn zur Welt, der den Namen Joachim Ariel Tyll erhält. Das Kind stirbt in der Nacht vom 19. auf den 20. Juni 1804.
Hier gilt es einen Augenblick innezuhalten. Durch das Gewirr von

Ereignissen könnte einem leicht entgehen, was sich hier tatsächlich abgespielt hat:
Die dreiunddreißigjährige Sophie Mereau ist zunächst entschlossen gewesen, Clemens nicht zu heiraten. Sie durchschaut weit besser als er selbst, daß ihm eine Ehe nicht »gut tun« werde. Wenn Clemens auf Heirat drängt, so nicht aus dem Grund, aus dem die Familie Brentano zunächst gegen diese Verbindung gewesen ist. Anders als sein Klan kümmert er sich nicht darum, was die Leute schwätzen. Er will heiraten aus psychologischem Besitzdenken. Sophies Anspruch auf Selbständigkeit ist ihm unheimlich. Ist sie erst einmal seine angetraute Ehefrau, wird sich ihre Selbständigkeit eingrenzen lassen. Ohne die Sanktion ihrer Bindung durch Kirche und Staat kann er sie an vielem nicht hindern.
Besitzdenken in der Liebe ist bei Clemens immer wieder zu beobachten. Mag er sonst den Lebensstil und die Werte der bürgerlichen Gesellschaft in Frage stellen, diese ihrer Eigenschaften hat er so weit verinnerlicht, daß er sie nicht mehr los wird.
Und Clemens setzt seinen Willen durch. Nicht, weil er die besseren Argumente auf seiner Seite hätte. Nicht, weil es ihm gelingt, Sophie von seinem Standpunkt zu überzeugen, sondern weil sie von ihm schwanger ist. Offenbar war es damals für eine geschiedene Frau unmöglich, mit einem unehelichen Kind allein zu leben. Sophies geschiedener Mann hätte ihr in diesem Fall gewiß die Unterhaltszahlungen für ihre gemeinsame Tochter Hulda gestrichen, eventuell sogar darauf bestanden, daß ihr das Kind aufgrund ihres ›unmoralischen Lebenswandels‹ weggenommen wird.
Was wir bedenken müssen, wenn wir Selbstzeugnisse von Karoline von G. lesen, ist dies: Sie hat von all dem gewußt. Sie war gescheit genug, um solche Situationen zu durchschauen und zu analysieren. Gerade am Fall der als Schriftstellerin sogar erfolgreichen und somit materiell wenigstens etwas gesicherten Sophie Mereau muß ihr klar geworden sein, wie leicht die Frau dennoch zur Verliererin wird.
»Biologically trapped« heißt das viel später in einem Roman von Hemingway. Können wir für unsere Zeit sagen, daß Schwängerung keine Form von Herrschaft mehr sei?

Am 8. Juli verlassen Clemens, Sophie und deren Tochter aus erster Ehe Marburg und gehen zunächst drei Wochen nach Frankfurt, wo Clemens Sophie seiner Familie vorstellen will.
Anfang August siedelt Clemens mit seiner Frau nach Heidelberg über. Bei diesem Entschluß mag mitgespielt haben, daß Savigny mit seiner Frau zu einer Studienreise nach Italien und Frankreich aufgebrochen war. Zwar war das Verhältnis zu Schwester und Schwager in den letzten Monaten auch nicht ohne Spannungen gewesen, aber ohne sie fühlt sich Clemens in Marburg dennoch »vereinsamt«. Wie häufig, verspricht er sich von einem Ortswechsel Besserung seines psychischen Zustandes. Der Tod des Kindes hat ihn erschüttert.
Schon meint er die Fesseln zu spüren, die ihm durch die Ehe auferlegt sind. Kaum in Heidelberg seßhaft geworden, beschließt er, nach Berlin zu Achim von Arnim zu reisen, der von seiner Kavalierstour nach Deutschland zurückgekehrt ist.

Lieber Freund! Ich komme bald zu Dir! Da Dein Bild vor mir stand, da ich Dich wiedersah, mußte ich schrecklich weinen. Mein Kind ist nur fünf Wochen alt geworden, Gott hat es zu sich genommen. Du hast eine große Reise durch die Welt gemacht, ich durch mein Inneres; Du warst so krank, armer Junge, ich war ein unglücklicher Ehemann. Seit Achim todt ist, auf den ich meine Hoffnung ganz gelehnt hatte, ist alles Glück von mir gewichen: mein armes Weib kann nicht glücklich mit mir sein... seitdem ich weiß, daß Du wieder im Vaterlande bist, bin ich fröhlich. Lieber Junge, ich will zu Dir nach Berlin kommen, sobald Du es mir schreibst, und will mit Dir reden über das, was mir gut und würdig ist.
Ich habe Vieles mit Dir zu besprechen, ich habe Dich um mein Leben zu bitten, welches Du selbst als in Deinen Händen erkennen wirst, sobald ich Dir meine Geschichte seit der Trennung zu Koblenz erzähle. Schreiben kann ich Dir's nicht, denn ich muß Dir dabei ins Auge sehen... Ich bin sehr unglücklich, hysterisch durch die schlechtesten Leiden; und doch singe ich in den Bergen, denke an Dich mit heißer Sehnsucht und verlange nach Dir. Du sollst, Du wirst mein Leben sein, gieb mir den Stock, daß ich wandeln kann hienieden, mein Geist muß einsam sonst zum Himmel dringen... Arnim, verdamme mich nicht, höre mich an, ich will zu Dir und mit Dir reden.

In diesem August des Jahres 1804 lernt Karoline von G. bei dem Besuch einer Jugendfreundin, der Frau des Theologen Daub, in Heidelberg den Philologen und Historiker Georg Friedrich Creuzer kennen. Es ist möglich, daß Clemens Brentano den Kontakt zu Creuzer hergestellt hat. Von Creuzers Freund, Karl Philipp Kayer, wissen wir über die näheren Umstände der Begegnung zwischen der von G. und Creuzer:

Die Dichterin Günderrode, welche eine Familie in die Neckargegend begleitete, war gestern morgen hier angekommen. Als wir unsern Spaziergang vornehmen wollten und deswegen zu Creuzern gegangen waren, fanden wir sie da, aber im Begriffe, mit Brentano und Daub spazieren zu gehen. Wir mußten also allein gehen. Doch kam gegen acht Uhr Brentano in den ›Hecht‹, wo wir bis tief in die Nacht zusammensaßen; heute nachmittag ward auch uns das Glück, ihre Gesellschaft zu genießen. In einer großen Gesellschaft, denn außer den Genannten kamen noch der Bruder der Dichterin, der Maler Kraft von Hanau, der Professor Posselt, Creuzers Frau und Tochter aus erster Ehe dazu, gingen wir nach dem Stifte, lagerten uns hinter demselben in dem Wäldchen, welches man passirt, wenn man nach dem Fürstenweiher gehet, und ließen uns durch Brentanos Gesang und Zitherspiel ergetzen.
Fräulein Günderrode ist durch Anspruchslosigkeit und Einfachheit liebenswerth. Nach Brentanos Versicherung ist sie eine tiefe Denkerin und liest viel. Aber aus ihrem Umgang war dieses nicht abzunehmen, so wenig legte sie ihren Kram aus und zierte sich doch auch nicht...

Creuzer, schon vor dieser Begegnung mit Karoline in seiner Ehe mit der um dreizehn Jahre älteren Sophie Leske unglücklich, verliebt sich in die junge Frau, die für die Antike schwärmt, während sich Karoline für Creuzers wissenschaftliche Arbeiten über Mythologie interessiert.
Gegenüber Creuzers Liebeserklärung scheint sie sich zunächst abweisend verhalten zu haben, vor allem, weil sie wegen seiner Ehe Konflikte voraussah.

Du innig Roth
Bis an den Tod
Soll mein Lieb Dir gleichen,
Soll nimmer bleichen,
Bis an den Tod,
Du glühend Roth,
Soll sie Dir gleichen.

Anfang Oktober 1804 ist Karoline dennoch wieder nach Heidelberg gekommen. Aus diesen Tagen stammt der folgende Brief Creuzers an sie:

Wie habe ich die Tage gezählt bis zum Empfang Ihres Briefes! Den Zweifelmut hielt ich ferne, aber das Entbehren Ihres Zuspruchs machte mich traurig. Ich beneidete jedermann, den ich im Besitz eines Briefes von Ihnen wähnte.
Der Mereau, die ich einmal in Schwetzingen sah, klagte ich mein Herzleide. Ich muß in dem Element, das mich hier umgibt, erkranken – wenn Sie nicht zuweilen frische Lebensluft senden...

Um den 15. Oktober besucht Creuzer Karoline in Frankfurt:

...ein sinnliches Symbol trage ich schon auf meinem Herzen – ein goldenes Medaillon. Jacta est alea – einen Mittelweg gibt es nicht – Himmel oder Tod. Bedenke, was ich Dir vertraue. Niemand in der Welt außer Dir und Deiner Lotte wisse davon... mein Lager ist seit meiner Rückkehr in einem von meiner Frau entfernten Teil des Hauses.

Die Situation der beiden Liebenden ist insofern besonders kompliziert, als Creuzer es seiner Frau Sophie, die in den Briefen zwischen ihm und Karoline gewöhnlich unter dem Tarnnamen »die Gutmütige« figuriert, verdankt, daß er sein Studium abschließen, promovieren und sich habilitieren konnte. Sophie Creuzer war in erster Ehe mit einem Professor Leske verheiratet gewesen. Verwitwet, hat sie den mittellosen Creuzer mit ihrer Pension bis zur Erlangung einer Professur über Wasser gehalten. Eine Scheidung ist also, abgesehen von dem gesellschaftlichen

Eklat, den vor allem Creuzer fürchtet, auch insofern problematisch, weil Sophie dann nahezu mittellos dastünde. Ihre Pension nämlich hat sie eben durch die Wiederverheiratung verloren. Um für zwei Haushalte aufzukommen, reicht Creuzers Professorengehalt nicht aus.

Creuzer zieht, in dem Bedürfnis sich auszusprechen und auch, um von Sophie unbemerkt Post von Karoline erhalten zu können, seinen Vetter Leonard Creuzer und die Kollegen Carl Daub und Schwarz ins Vertrauen. Später wird als juristischer Ratgeber auch noch Savigny bemüht werden, zumal dieser »die arme Sophie« gut kennt.

Was die Affäre zwischen Karoline von G. und Creuzer so unerfreulich macht, ist ja nicht die Tatsache, daß ein verheirateter Mann eine ledige junge Frau liebt, sondern das Maß an Illusionen, Täuschungen, Eitelkeiten und Egoismus, mit dem diese Liebe belastet ist.

Für Karoline ist es ein Wunder, endlich einmal einem Mann begegnet zu sein, mit dem sie philosophische und literarische Fragen besprechen kann. Creuzer, ohnehin von schwachem Selbstwertgefühl, schmeichelt vor allem die Bewunderung durch ein junges Mädchen. Sie als gleichwertigen intellektuellen Partner zu akzeptieren, ihr bei der Entwicklung ihrer literarischen Begabung beizustehen, empfindet er auf die Dauer eher als lästig.

Wer die Briefe liest – und es ist auch wiederum bezeichnend, daß fast alle Briefe des Mannes, aber nur einige wenige der Frau erhalten geblieben sind –, spürt: er sieht ihre Rolle vor allem darin, ihn über seinen Ärger daheim oder im Beruf hinwegzutrösten, ihn aufzumuntern. Er ist seine Alte leid, an die er gefesselt ist. Er hat Ärger an der Universität, den üblichen Ärger eines Mannes in seinem Amt, vielleicht den zusätzlichen Ärger des Emporkömmlings. Das soll sie ausgleichen. Aber was bringt eigentlich er in diese Beziehung ein? Was mehr als das Bedürfnis, bewundert und gestreichelt zu werden?

Wir müßten Karolines Briefe kennen, dann fiele unser Urteil über Creuzer vielleicht nicht ganz so negativ aus. Sicher ist das jedoch nicht. Hingegen gibt es für seinen immer wieder dominierenden Egoismus zahlreiche Belege. Daß er Angst davor hatte, ein

Skandal werde seine Universitätskarriere gefährden – nun gut. In Grenzen ist das verständlich. Welch hohes Risiko Karoline einging – was wäre eigentlich geworden, wenn man sie wegen ehebrecherischer Beziehungen aus dem Stift hinausgeworfen hätte? –, scheint nie bedacht worden zu sein. Man kann einwenden, daß Liebende an derlei eben nicht denken. Nun, Creuzer hat, wo seine Karriere, seine Zukunft auf dem Spiel stand, sehr wohl immer wieder an derlei gedacht und hat Karoline damit mehr als einmal in den Ohren gelegen.
Eine Frau, wenn sie sich auf ein solch gewagtes Verhältnis einläßt, hat mit den Risiken allein fertig zu werden.
Gegen Ende des Jahres 1804 unternimmt Karoline einen Versuch, der unglücklichen Affäre ein Ende zu setzen, da ihr klar geworden ist, daß Creuzer den Gewissenskonflikt nicht aushält und, selbst wenn er sich für sie entscheiden würde, von Schuldgefühlen gegenüber Sophie geplagt bliebe. Sie ahnt, daß bei einem ichschwachen und pflichtgläubigen Menschen, wie es der geliebte Mann nun einmal ist, der Schatten der »armen Sophie« immer zwischen ihnen stehen wird. An Creuzer schreibt sie:

Meine Briefe waren Ihnen das Liebste und Erfreulichste, Sie geben Sie auf, nicht gegen was Großes und Vortreffliches, nein, wie Sie selbst gestehen, wegen eitler Besorgnis. Es ist hier nichts Verdamliches, es ist nur schlimm, daß Sie sich für selbständiger halten als Sie sind und daß Sie sich nicht eingestehen wollen, daß Sie eigentlich Ihrer Frau in vielem Sinn angehören. Warum sollte das auch nicht sein. Sie ist gut und liebt sie, und tadellos ist Niemand. Kehren Sie ganz und mit Bewußtsein zu ihr zurük dann haben Sie doch Etwas für Ihre Opfer.
Wenn Sie aber ihr zu lieb immer das Liebste aufgeben und sie doch dafür nicht besitzen und festhalten mögen, so verarmen Sie unausbleiblich. Sie haben Ihre Frau zu Ihrem Schiksal heranwachsen lassen, aber man soll sich kein Schiksal geben oder es ehren und nicht dawider murren…

Offenbar sind diesem Brief wehleidige Klagen von seiten Creuzers über sein schlechtes Gewissen vorausgegangen. Dem will Karoline ein Ende setzen. Doch dann haben Creuzers Bitten und die eigene Neigung sie dazu bewogen, die Beziehung fortzusetzen. Sie ist in diesem Verhältnis der stärkere, willenskräftigere und härtere Teil. Und doch finden sich im Januar 1805 in einem ihrer Briefe die folgenden Todesphantasien:

Wenn ich einst sterbe, mein Freund, so werde ich Dir erscheinen, wenn Du nachts allein bist. Dann trete ich leise an Dein Bett und drücke Dir einen Kuß auf Deine Stirn. Wenn du stirbst, so komme auch zu mir. Versprich es...

Unterdessen ist zwischen den Liebenden, die, um intime Mitteilungen vor Creuzers Frau geheimzuhalten, auf griechisch miteinander korrespondieren, jeder auch nur erdenkliche Ausweg aus der hoffnungslosen Lage erörtert worden. Da ist von einem Zusammenleben zu dritt die Rede, über das Creuzer an Karoline schreibt: »...meine Frau sollte bei uns zu bleiben wünschen, als Mutter, als Führerin unseres Hauswesens.« Ein andermal, Creuzer hat Aussicht auf eine Professur in Rußland, überlegt Karoline, ob sie ihm nicht als Mann verkleidet folgen könne. Und auch als sich diese Möglichkeit zerschlägt, erwägt sie immer noch ganz ernsthaft, in Männerkleidern in Heidelberg in der Nähe des geliebten Mannes zu leben, an dessen Ehestatus sich nach außen hin ja nichts ändern müsse.

Da sind nun zwei, die nicht glücklich werden können, weil eine Heirat unmöglich ist – Karoline und Creuzer. Da sind zwei andere, die haben nach langen Zweifeln und großen Schwierigkeiten endlich doch geheiratet und sind ebenfalls unglücklich: Clemens Brentano und Sophie Mereau.
Heinrich Vormweg urteilt:

Sophies Nähe konnte Brentano nicht die Sehnsucht nach einer fernen Geliebten aufwiegen, die sich so reizvoll mit der Werbung um andere hübsche Mädchen vertragen hatte und ein unerschöpfliches Stimulanz für seine lyrische Produktion gewesen war.

Sehr bald wird Clemens in einem Brief an Achim von Arnim seufzen:

Ein Jahr, lieber Arnim, ist es nun her, daß ich keine Zeile gedichtet... ohne Umgang, ohne Liebe in stetem häuslichen Leiden fühle ich meine Kraft erlahmen.

Die Mereau hat diese Mischung aus Egozentrik, Unrast, Lust an Selbstbespiegelung, in die sich aber auch wieder schärfste psychologische Einfühlungs- und Beobachtungsgabe mischen, wohl recht früh erkannt. Bereits aus Weimar kann sie, sich selbst, den Geliebten und das Zeitgefühl persiflierend, darüber schreiben:

Oh! Du Ungeheuer, Genie, Bösewicht, Lügner, Verläumder, Räuber, Schriftsteller, Comediant – ach! Du Teufel! – ich bin außer mir, ich sterbe, ich bin schon todt. Betraure mich, weine ein paar verführerische Tränen, um damit das Lächeln eines weichfühlenden Mädchens zu gewinnen, schreibe die rührendsten Trauerlieder auf Deine arme Geliebte, um Dir neue Freude damit zu erkaufen – ach! wie interessant wirst Du sein in Deinem heuchlerischen Schmerz. Deine Coquetterie lockt mich von den Todten zurück, ich kehre noch einmal ins Leben, um mich von neuem in Dich zu verlieben – Doch, nein! ich nehme mich zusammen, wir sind getrennt, und ich sage Dir ein ewiges Lebewohl.

Im Herbst 1804 ist Clemens zu Achim gereist. In Berlin bearbeiten die Freunde Clemens' Lustspiel *Ponce de Leon* und spinnen Pläne zu einer Liedsammlung, die später den Titel *Des Knaben Wunderhorn* tragen wird.
Sophie ist in Heidelberg zurückgeblieben. Sie ist wieder schwanger. Clemens quält sie mit wilden Ausbrüchen von Eifersucht. Sie antwortet am 17. November 1804:

Soll ich weinend oder lachend auf Deinen lezten Brief antworten? – einen größeren Don Quichote wie Dich, trug gewis nie die prosaische Erde! Zuhause sizt sein treues Weib, liebt ihn, lebt eingezogen, arbeitssam, trägt ihn in und unter dem Herzen, und ist ganz zufrieden – er reißt ganz lustig durch die Welt, zu einem geliebten, wunderholden, einzigen Freund, er könnte ganz ruhig und glücklich sein, aber weil er nun gar nichts weis, ihm gar nichts fehlt, so kämpft er gegen Windmühlen, und trägt sich mit den unwesentlichsten Grillen! – Ich bitte Dich, nimm doch das Gute wahr, das Dein ist, es

nicht genießen, ist auch eine Sünde, und bekämpfe diesen unbeschreiblichen Hang, stets nach dem Fernen Dich zu sehnen. Diese ewige Sehnsucht gehört nur Gott. – Meine Liebe, meine ich, müßte dich umgeben wie ein warmes, weiches Kleid, das du überall mit Dir trägst und in dem Du Dich wohl befindest, aber es scheint, als bedürfe Dein Gefühl, um zu fühlen, öfters einen Reiz, der wie spanische Fliegen, Blasen zieht. Du bist es, nicht ich, der ewig nach der Fremde trachtet. Deine Begierde nach mir ist eben das, was Du oft bei mir empfunden, was Dich jezt zu mir zieht, zog Dich oft von mir weg, es ist ein allgemeines Gefühl, ein stetes Sehnen nach dem entfernten, das mich eigentlich ins besondere gar nichts angeht. Ich bitte Dich, lieber Fremdling, kom doch endlich einmal nachhause, Du bist stets nicht bei Dir, und es ist so hübsch bei Dir; versuche es nur, und kom zu Dir selbst, Du wirst die Heimath finden, sie lieben und dann immer mit Dir zu tragen!
Es ist wahr, ein Gefühl ist in mir, ein einziges, welches nicht Dein gehört. Es ist das Gefühl der Freiheit. Was es ist, weis ich nicht, es ist mir angebohren, und Du verletzest es zuweilen. Verteidigen kann ich es nicht, denn wer verteidigen muß, ist nicht frei, betrügen kann ich nicht, denn Betrug ist Zwang, kannst Du es also mehr schonen, wie bisher, so bin ich zufrieden...

Zum Jahreswechsel 1804/05 ist Clemens wieder in Heidelberg. Eine Weile herrscht Wiedersehensfrieden zwischen Sophie und ihm. Aber diese Stimmung kann nicht lang angehalten haben. Achim ist fern, Sophie hochschwanger, also wählt sich Clemens jetzt Karoline von G. als Adressat für seine seelischen Eruptionen. Ein loser Briefwechsel mit Karoline besteht bereits seit Mai 1804.
Einer dieser Briefe von Clemens an Karoline von G. wirft ein bezeichnendes Licht auf die Einstellung eines Mannes einer Frau gegenüber, die schreibt und es wagt, drucken zu lassen, sich gar selbst einen Verleger zu suchen.
Schriftstellerische Arbeiten einer Frau – das kann sich Clemens nur unter Aufsicht und Führung durch ein männliches Wesen vorstellen:

Ich bin gestern Ihretwegen etwas erschrocken, da mir in der Buchhandlung Kotzebues *Freimütiger* in die Hand fiel, und ich im zehnten Maistück in einem Aufsatz aus Frankfurt Ihren Namen als Verfasserin des *Tian* mit breitem läppischem Lobe und eben so gemeiner, sanfter Rüge ausgeplaudert sehe. Ich kenne Sie zu gut, als daß diese Anzeige etwas anderes als Ekel in Ihnen hervorbringen könnte, denn der Schreiber des Aufsatzes muß ein undelikater Mensch sein, daß er Ihre Namensverschweigung ohne Erlaubnis entweihte, und zwar in einem Blatte, welches jeder Ladenbursche liest, besonders da er ein Mensch ohne Autorität ist, welches er sein muß, da er ein Schmierer ist, und Ihre Lieder lobt, welche eigentlich nur ein Mensch loben kann, der Sie selbst liebt und Ihre Geschichte kennt, aber er sagte, er kenne Sie nicht. Überhaupt bin ich sehr neugierig, von Ihnen selbst zu hören, warum Sie sich entschlossen haben, Ihre Lieder drucken zu lassen, und wie Sie die Berührung mit dem Buchhändler vermittelt haben. Das muß eine Epoche in Ihrem Leben sein, Sie können nicht gut zurücktreten. Sie haben die Welt zu Forderungen an Sie berechtigt, und Sie müssen verstummen oder beweisen, daß Sie selbst über der Welt stehen, weil Sie sich erkühnt haben, ihr das Ihrige anzuvertrauen... Liebe Karoline, wenn ich Ihnen wieder näher komme, sollen Sie mich um eines willen lieb gewinnen; ich werde Ihnen beweisen, wie man schreiben soll und muß, um es mit Ruhe zu können und sich selbst von dem Leser und dem Kritiker rein zu erhalten... Liebe Karoline, hätten keine anderen Menschen zwischen uns gestanden, hätten Sie sich mir ganz erklärt, es würde nie eine tote Epoche in unserer Bekanntschaft gewesen sein!

Sofern Creuzer diesen Brief gekannt hat – er stammt von Anfang Juni 1804 –, dürfte er seinen geistigen Einfluß auf Karoline von G. durch Clemens bedroht gesehen haben.
Man kann nur hoffen, daß er die folgenden Herzensergießungen von Clemens aus dem Frühjahr 1805 (also kurz vor der Geburt des zweiten Kindes!) an Karoline nicht zu Gesicht bekam:

Gute Nacht! Du lieber Engel! Ach, bist Du es, bist Du es nicht, so öffne alle Adern Deines weißen Leibes, daß das heiße, schäumende Blut aus tausend wonnigen Springbrunnen spritze, so will ich Dich sehen und trinken aus den tausend Quellen trinken, bis ich berauscht bin... lägest Du nur eine Nacht in meinen Armen, so solltest Du Dir meine Liebe an Deinen warmen Brüsten ausbrühen,

und Du wüßtest alles, was ich weiß, und brauchtest nicht mehr zu erschrecken, über alles, was ich sagen darf, weil ich will. Wahrhaftig liebes Kind, die Tugend ist zart und man kann nicht mir ihr sprechen, die Jugend soll vom Leben lernen, o Du liebe Jugend, warum darf ich Dich nicht lehren, nicht wahr?
O ihr armen lieben zweibeinigen Engel in der Hölle und Du, Günderrödchen im Fräuleinstift, was habe ich euch so lieb, ihr Teufel und ihr Engel, mein Herz ist keine arme Seele. Alles das schreibe ich in einem süßen, drehenden Rausch, die Mondnacht und der Frühling haben sich nicht gescheut, vor meinen Augen das süße heilige Liebeswerk zu vollbringen und damit das Bewußtsein solcher Wollust nicht verloren gehe, haben sie das Seufzen ihrer Liebe an dem Echo meines Busens gebrochen, und wie sie sich umarmten, verwandelten sie sich in eine goldene, süße, bittere, wollüstige Schlange, die mich mit den lebendigen, drückenden, zuckenden Fesseln ihres Leibes umwand. So saß ich am Berg, und sah ins weite Thal, daß sich wie ein leichter Berg auf mein Herz warf und da riß ich die Kleider von mir, daß die Umarmung keuscher sei wie der Blitz schnell und elektrisch, bis mir die goldene Schlange ins Herz, und ringelte wie in gewundener Lust an mir heraus, sie vergiftete mich mit göttlichem Leben und in mir war ein anderes Leben, es zieht mir mit ergebendem Widerstand durch Adern und Mark, und die Schlange zog durch die Wunde nach, und ringelte sich jetzt freudig und liebend um mein Herz, es ist viel, was ich habe. Drum beiße ich mir die Adern auf und will Dir es geben, aber Du hättest es thun sollen und saugen müssen.
Öffne Deine Adern nicht, Günderrödchen, ich will Dir sie aufbeißen. O ich bin ein arabisches Roß, warum nicht, wenn ich Dich hier hätte und Du solche Hochzeiten feiern sähest neben mir, so sollte Mondnacht und Frühling uns das Echo sein, das ich ihnen war...

Clemens Brief an Karoline ist als Auskunft über seine Beziehungen zu zwei Frauen zu verstehen. Während der zweiten Schwangerschaft seiner Frau versucht er es mal bei einer anderen, bei Karoline. Sie, die Stiftsdame, die von Savigny nicht Geheiratete, müßte doch für solche Eskapaden Verständnis haben. Sie hat Vorstellungsvermögen genug, um zu begreifen, wie unbequem für einen Mann die Ehe ist. Ein Mann braucht seine Freiheit.
Es ist Frühling. Ich bin ein Dichter. Du bist meine Muse.

Einverstanden? Sich in einen Hengst verwandeln (»O ich bin ein arabisches Roß«) und die Stute bespringen!
Eine Zumutung für Karoline.
Eine Zumutung für Sophie, die wahrscheinlich von diesem Brief nie etwas erfahren hat.
Dichter, Männer – sie dürfen ausbrechen. So entstehen unsterbliche Werke. Die Frau, unterdessen in den Wehen, soll nicht so ein Geschrei machen.

Karoline hat hier eine kluge Beraterin, ihre Freundin Lisette Nees, die ihr am 23. Mai 1804 einsichtsvoll-warnend schreibt:

Ernstlich, liebe Lina nehme Clemenz nicht anders wie er ist, vertraue diesem ungetreuem Schiff nicht! Sein Brief an Dich ist nichts anderst wie eine verdiente Würdigung Deiner Gedichte, seiner natur gemäß ausgedrückt, Clemenz ist ein Künstler, aber ein reiner Enthusiasmus lebt doch nicht in seiner Seele, denn er liebt es, daß man seine Originalität in ihm anstaune wobey es ihm gleichviel ist ob die Sache wofür er spricht Eingang gewinnt; Savigny sagt: er ließt gottlos und hiermit ist eine Haupttendenz seines Lebens ausgedrückt; Clemenz ist zu eitel um ein Apostel der Wahrheit zu sein. Sein Brief ist eigentlich so wenig die Meinung seiner Seele, daß Du Dich nicht schlimmer täuschen könntest als wenn Du glaubtest es sey wirklich sein Streben in innige Berührung zu Dir zu gelangen...

Lisette Nees von Esenbeck ist die am 22. September 1783 geborene Tochter eines Erbacher Hofrates. Schon als junges Mädchen zeigt sie ausgeprägte literarische und linguistische Neigungen. Sie war in der zeitgenössischen französischen und englischen Literatur belesen, übersetzte italienische Gedichte ins Deutsche und trieb naturwissenschaftliche Studien. Am 5. März 1804 heiratet sie Christian Gottfried Daniel Nees von Esenbeck, der in Jena zuerst lutherische Theologie und Philosophie studierte und 1800 in Gießen zum Doktor der Medizin promovierte. Seine erste Frau, die das Landgut Sickershausen in Franken mit in die Ehe bringt, stirbt im Wochenbett. In den ersten Jahren der Ehe mit Lisette scheint Dr. Nees, der Karoline nicht nur in literarischen Fragen, wie beispielsweise bei ihrer dramatischen Dichtung

Mahomed, der Prophet von Mekka beriet, sondern auch ihr Augenleiden behandelte, unter starken Depressionen gelitten zu haben.

Im August 1805 ist Karoline mit Frau von Heyden nach Franken zu Lisette gereist. Creuzer soll auch dorthin kommen. Er kommt aber nicht. Unter Umständen hat ihn aber Karoline von Sickershausen aus in Heidelberg besucht, nachdem für einen Augenblick gewisse Zugeständnisse von Creuzers Frau eine Ehe zu dritt möglich erscheinen ließen.

Wie kompliziert es für Karoline und Creuzer war, ein Treffen zu arrangieren, geht aus dem Brief einer anderen Freundin, Susanne von Heyden, an Karoline vom Oktober 1806 hervor:

Wahrscheinlich sind es die Ferien, wo Cr. herkommen soll. Um diese Zeit bin ich noch hier am Ort. Dann kann ich Dir meinen Saalschlüssel geben und ihr gehet von eins bis vier Uhr dahin. Dies ist die Zeit, wo ich beinahe gewiß sein kann, daß niemand von den Meinen da ist, wenn ihr nur ohngefragt von den... Mägden vorbeikommet, so sehe ich kein anderes Hindernis.

Bettine Brentano scheint nur recht vage von dem Verhältnis zwischen Creuzer und Karoline gewußt zu haben. Später schreibt Bettine darüber:

Sie (Karoline) hatte zwar von Daub in Heidelberg gesprochen und auch von Creuzer, aber ich wußte von keinem, ob er ihr lieber sei als der andere.

Die sich nun häufenden Depressionen aber, bei denen die Verschlimmerung von Karolines Augenleiden gewiß auch eine Rolle spielte, konnten Bettine nicht verborgen bleiben. Sie notiert, allerdings Jahre später, eine gespenstische Episode, von der man nicht annehmen kann, daß sie völlig frei erfunden sein soll:

Einmal kam mir Karoline freundig entgegen und sagte: »Gestern habe ich einen Chirurgen gesprochen, der hat mir gesagt, daß es sehr leicht ist, sich umzubringen.« Sie öffnete hastig ihr Kleid und zeigte mir unter der schönen Brust den Fleck. Ihre Augen funkelten freudig. Ich starrte sie an. Es ward mir zum ersten Mal unheimlich... ich fiel ihr um den Hals und riß sie nieder auf den Sitz und setzte mich auf ihre Knie und weinte viele Tränen und küßte sie zum erstenmal an ihren Mund und riß ihr das Kleid auf und küßte sie an die Stelle, wo sie gelernt hatte das Herz zu treffen.

Ende April 1805 ist Clemens zur Regelung von Familienangelegenheiten in Frankfurt. An Sophie schreibt er:

Die Günderrode, die Vertraute Bettinens, welche einige mir unbekannte Liebesverhältnisse hier hat, hat dieser im Winter Geschichte gelehrt, ihr Mahomet wird jetzt bei Wilmans gedruckt, sie ist nichts weniger als unglücklich oder traurig, sie ist recht ernsthaft und hat an Bestimmtheit gewonnen, ich sah sie einmal, sie geht ungern in unser Haus...

Am 11. April meldet Savigny aus Paris die Geburt einer Tochter, er wird bald nach Deutschland zurückkehren, dann soll das Neugeborene bei einem großen Fest, zu dem er alle Freunde auf dem Gut Trages versammeln will, getauft werden.
Am 13. Mai 1805 bringt Sophie Brentano eine Tochter zur Welt, die auf die Namen Joachime Elisabetha Claudia Karolina Johanna getauft wird. Sechs Wochen nach der Geburt stirbt das Kind an Scharlach.
Im Frühsommer 1805 kommt Achim von Arnim von Berlin nach Heidelberg, um mit Clemens die seit geraumer Zeit geplante Volksliedersammlung druckfertig zu machen. Im Juli ist Achim in Frankfurt, um dort die Drucklegung zu überwachen. Clemens hält sich zu einer Kur in Wiesbaden auf. Gesundheitlich geht es ihm bald besser. Achim teilt er mit:

Der Rhein, der Himmel, das Schloß*, alles hat mich innig erquickt, und ich habe sogleich an Sophie geschrieben, daß sie hierherkommen soll. Es tuth mir leid, daß der arme Schelm das nicht sehen soll...

* in Biebrich

Als Savigny mit Frau und Kind Ende September in Trages eintrifft, reist Clemens schnell zu den Geschwistern. Sophie ist in Heidelberg zurückgeblieben. Ihr berichtet er:

Wir tun hier nichts weiter als den ganzen Tag auf dem Feld mit der Flinte hin und hergehn und gar nicht schießen. Die Unterhaltung besteht einzig darin, daß man sich lieb hat; ich schlafe wieder in dem kleinen Häuschen. Unter allen Jägern ist Arnim der unermüdlichste, er läuft nach einem Vogel 6–7 Stunden. Ich melde weiter, Savigny geht den Winter nach Marburg, weil es dort ruhig ist und er in seiner Bibliothek arbeiten kann. Vorher aber kömmt Savigny allein nach Heidelberg auf ein paar Tage. Im Vertrauen sage ich Dir, daß er die ›Studien‹ für sehr schlecht hält und besonders Creuzers und Beises Aufsätze...

Erst nach seiner Rückkehr aus Frankreich erfährt Savigny von Karoline Genaueres über ihr Verhältnis zu Creuzer. Karoline schreibt ihm:

...Sie kennen Creuzers Frau und haben Einfluß auf ihre Entscheidungen, wenn Sie Creuzer jemals gut waren oder mir, so bitte ich Sie herzlich, wenn Sie können, thun Sie etwas für unsere Wünsche; so wie es ist, kann es nicht bleiben, und aufhören zu lieben kann ich nicht, und er kann es nicht, auch in ein entfernteres Verhältnis zu einander können wir nicht treten.

Zu der Tauffeier von Friedrich Carl und Gundula Savignys Tochter, mit der Bettine bei dem Fest über Tische und Bänke gesprungen sein soll, ist Karoline von G. nicht nach Trages gefahren.

Savigny rät Karoline Verzicht, rät weiter dazu, den Theologieprofessor Daub, einen engen Freund Creuzers, um Rat zu fragen.

Karoline muß nicht weniger als dreimal an Daub schreiben, ehe er eindeutig Stellung nimmt. Als Theologe kann er kaum anders, als Karoline zu empfehlen, das Sakrament der Ehe zu achten und einem Zusammenleben mit Creuzer zu entsagen.

Noch immer hat Karoline Argumente:

Ihr Brief, lieber Daub, hat mir mehrere Stunden des peinlichsten Kampfes bereitet, aber verzeihen Sie mir, aus diesem ist die der Ihren entgegengesetzte Ansicht wieder neu und kräftig hervorgegangen. Können Sie glauben, die Frau* würde nun glücklich sein, wenn ich entsagt hätte? Wahrlich es kann ihr nicht wohl sein im Bewußtsein, daß sie einen Mann zwinge ihr zu bleiben, dessen ganzes Wesen sich weg von ihr sehnt und selbst dann, wenn sie ihn so behaupten wolle, besäße sie ihn nicht, denn man besitzt nur, von dem man geliebt wird.

Savigny versucht sich als Vermittler zwischen Creuzer, Sophie und Karoline – eine undankbare Aufgabe, die schließlich nur dazu führt, daß es nahezu zum Bruch zwischen Karoline und ihm kommt, da sie erwartet, er werde ausschließlich Fürsprecher ihrer Wünsche sein, während er andererseits darüber enttäuscht ist, daß sie ihm gewisse Fakten verschwiegen hat.
In seinem Brief vom 29. November 1805 aus Marburg zeigt Savigny kritische Einsicht in Karolines Charakter, er legt die Wurzeln jener Eigenschaften bloß, die ihr schließlich zum Verhängnis werden:

...sobald in einem Menschen das Bewußtsein seiner Kräfte erwacht, entscheidet sich die Richtung, die er nach der Eigenheit seiner Natur notwendig nehmen muß. Den passiven Naturen ist dann das Höchste, ja das einzig Wichtige die Tiefe und Eigentümlichkeit ihrer Empfindungen, und das ist an sich so wenig zu tadeln als die Verschiedenheit der Gestalten oder der Anlagen. Aber die meisten Menschen dieser Natur sind in Gefahr, das Tiefe und Bedeutende mit dem Außerordentlichen zu verwechseln, und bei vielen bleibt und wächst dieser Irrtum immer fort. Flache Menschen werden dann ganz geschmacklos, und selbst der Pöpel thut ihnen nicht unrecht, indem er sie überspannt und romanhaft nennt.
Bei bedeutenderen Menschen ist derselbe Irrtum fast noch gefährlicher, indem er sich bei ihnen mit der wahren Empfindung, die sie haben, vermengt und so unergründlich wird. So bist Du, und daß Du so bist und bleibst, kommt von einer Gottlosigkeit her, die Deine gute, wahrhafte Natur gewiß schon ausgestoßen hätte, wenn es die

* Sophie Creuzer

sinnliche Schwäche Deines Gemüts zuließe. Alles nämlich, was Deine Seele augenblicklich reizt, unterhält und erregt, hat einen solchen absoluten Wert für Dich, daß Du ihm auch die schlechteste Herkunft leicht verzeihst.
Etwas recht von Herzen lieben, ist göttlich, und jede Gestalt in der sich uns dieses Göttliche offenbart, ist heilig. Aber daran künsteln, diese Empfindung durch Phantasie höher spannen, als ihre natürliche Kraft reicht, ist sehr unheilig...
Ich wiederhole es, Dein Geschmack an Schriftstellern, zum Beispiel an Schiller, hängt damit zusammen. Denn was ist das charakteristische an diesem, als der Effekt durch eine deklamatorische Sprache, welcher keine korrespondierende Tiefe der Empfindungen zu Grunde liegt und ist nicht jene Manier des Lebens wie diese des Dichters einem Mann zu vergleichen, der sich und die Seinigen zu Grunde richtet, weil er einen Aufwand treibt, den er nach seinem Vermögen nicht bestreiten kann?

Karoline von G. sieht sich im Kern ihrer Existenz von jenem Mann in Frage gestellt, dessen besonnenes Urteil die meisten Angehörigen dieses Freundeskreises gern suchten und akzeptierten. Die Frage ist nur, ob gerade in diesem Fall Savignys Urteil und Analyse so ganz frei von ambivalenten Emotionen gegenüber derjenigen war, die ihn da als eine Art moralisches Orakel benutzt hatte.
Welcher Mann sieht es gern, wenn die Frau, die ihn einst geliebt hat, für die bei ihm lange gewisse Reste von mehr als nur freundschaftlicher Zuneigung vorhanden gewesen sind, eine, wie es Savigny wohl sah, unwürdige Affäre mit einem anderen hat!

Alles drängt nun einer Krise entgegen. Plötzlich besteht Creuzer darauf, daß Karoline jeglichen Kontakt zu Bettine abbricht.
Er ist Bettine und Clemens entweder Ende 1805 oder Anfang 1806 in Marburg begegnet, wo Savigny inzwischen seine Professur angetreten hat. Er hat an diesem Tag eine rote Perücke getragen. Bettine hat ihn ausgelacht. Creuzer aber ist, was seine äußere Erscheinung angeht, ohnehin von Minderwertigkeitskomplexen geplagt.
Im Hintergrund steht ein Gefühl der Eifersucht – auf Clemens wie

auf Bettine. Hat ihm Karoline gewisse Briefe beider gezeigt, so dürfte ihn das, was er da las, aufgestachelt haben. Für seine Forderung, Karoline müsse mit Bettine »Schluß machen«, hat er eine plausible Erklärung: Schwatzsüchtig, wie Bettine ist, wird sie alles, was sie über seine Beziehungen zu Karoline erfährt, herumerzählen und ihn kompromittieren. Und Karoline gehorcht. Bettine kommt eines Tages an die Pforte des Stifts und erfährt dort, das Fräulein von G. wünsche sie in Zukunft nicht mehr zu empfangen. Sie antwortet mit dem folgenden Billet:

Ich hätte gern, daß Du der Gerechtigkeit und unserer alten Anhänglichkeit zulieb mir noch eine Viertelstunde gönntest, heute oder morgen, es ist nicht, um zu klagen, noch um wieder einzulenken. Beides würde Dir gewiß zuwider sein, und von mir ist es auch weit entfernt. Denn ich fühle deutlich, daß nach diesem verletzten Vertrauen bei mir die Freude meines Lebens nicht mehr auf Dich ankommen wird wie ehemals, und was nicht aus Herzensgrund, was nicht ganz werden kann, soll gar nicht sein.

Wenn eine Frau einen Mann liebt und ein Mädchen, so erscheint es uns ganz selbstverständlich, daß sie die Liebe zu dem Mädchen opfert, um die Liebe des Mannes nicht zu verlieren.
Warum eigentlich? Ist nicht beides Liebe?
Auch Savigny, der Rolle des treuen Eckehardt nach schlechten Erfahrungen mehr als überdrüssig, wendet sich von Karoline ab:

Marburg, den 19ten Mai 1806

Ich will es Dir ehrlich sagen, warum ich Dir nicht wieder schrieb. Dein voriger Brief kam mir nach der herzlichen Aufrichtigkeit des meinigen außerordentlich kalt und vertrauenslos vor. Zur gleichen Zeit erfuhr ich, daß Du in jener Sache mancherlei Dinge sehr sorgfältig vor mir zu verbergen gesucht hattest...

Die treue Lisette in Sickershausen hat ihre eigenen Sorgen. Nach einer Fehlgeburt im Dezember 1804 ist sie wieder schwanger. Sie hat Probleme mit einem schwierigen Ehemann, der offenbar über den Tod seiner ersten Frau nicht hinwegkommt. Lisette schreibt an Karoline:

Es ist nicht wahr, daß in der Ehe die Widerwärtigkeiten und Schmerzen des bürgerlichen Lebens leichter getragen werden, denn die Ursache, daß man sie gemeinschaftlich trage, ist gerade, was sie doppelt schmerzhaft macht.
Keine Entbehrung, kein harter Eingriff der äußeren Welt würde so treffen, wenn wir nicht durch ihn auch das geliebte Wesen getroffen sähen; und wo bange Aussichten für seine Gesundheit und Leben sich als Folge anknüpfen, erreicht der Schmerz eine Schärfe, die niemand versteht, weil sie niemand fühlt. – Laß solchen Betrachtungen in Deinen einsamen Stunden auch zuweilen eine Stelle, vielleicht würken sie wie oft Gifte, als Gegengifte. Leb wohl, liebste Lina, vielleicht hörst Du lange, lange nichts von mir! Denke an mich!

Auch Sophie Brentano ist schwanger.
Creuzer, der angesichts von Karolines zunehmender Vereinsamung nur seine Eifersucht auslebt und sich als unzuverlässig erweist, bringt wenig Verständnis dafür auf, als Karoline ihm in Briefen eingesteht, der Bruch mit Bettine sei ihr schwer geworden, gehe ihr nach.

Daß das Weinen der Bettine Dir schmerzlich war, begreife ich, und ich fühle wie ich Veranlassung bin. Aber in sich verstehe ich dies Weinen nicht. Zum Weinen hätte freilich *sie* Ursache genug. Sie könnte darüber weinen, sollte es sogar, daß sie eine Brentano geboren ist, ferner, daß Clemens ihren ersten Informator gemacht, ingleichen und folglich, daß sie egoistisch ist und kokett und faul und entfremdet von allem, was liebenswürdig heißt. Seit ich sie einmal in Marburg in Savignys Stube hereintreten sah, seitdem ist es aus zwischen uns. Schenk Du ihr in diesem Sinn Tränen, so tadle ichs nicht, in jedem anderen ists nicht der Mühe wert.

Aus Briefen der Karoline von G. an Friedrich Creuzer:

Ich fasse die Änderung deiner Gesinnung nicht. Wie oft hast du mir gesagt, meine Liebe erhelle, erhebe dein ganzes Leben, und nun findest du unser Verhältnis schädlich. Wieviel hättest du ehemals gegeben, dir dies schädliche zu erringen. Aber so seid ihr, das Errungene hat euch immer Mängel.
Wenn Sie weiter nichts meinten, so sind Sie ganz irre an mir und ich

an Ihnen, denn als dann sind Sie gar nicht der, den ich meine... die Freundschaft wie ich sie meine... die Freundschaft, wie ich sie mit Ihnen meinte, war ein Bund auf Leben und Tod.
Ihr Brief ist so vernünftig, so voll nützlicher Tatlust. Ich aber habe schon viele Tage im Orkus gelebt...

Karoline steht Ende Mai 1806 im Begriff, nach Winkel zu reisen, um mit ihren Freundinnen, den Zwillingsschwestern Pauline und Charlotte Servière, Töchter eines Frankfurter Likör- und Parfümfabrikanten, im Landhaus des Kaufmanns Joseph Mertens, das unweit dem Haus der Brentanos steht, ein paar Ferienwochen zu verbringen.
Creuzer löst sein Versprechen, Karoline zu Pfingsten dort zu besuchen, nicht ein. Am 4. Juni 1806 schreibt er an sie: »...statt meiner muß dieser Brief kommen. Es war nicht möglich zu machen.« Es folgt eine Aufzählung mannigfacher Schwierigkeiten, auch sei es für Karolines »Ruhe« nicht ratsam, mit ihm in Winkel, wo im Sommer viele Frankfurter Familien leben, zusammenzutreffen. Stattdessen wolle er zwischen dem 29. Juni und 6. Juli nach Frankfurt kommen. Sie möge sich aber darauf einstellen, daß bei einem Treffen er des Trostes durch sie dringend bedürftig sei. Savignys Äußerung in dessen letzten Brief solle sie nicht »sentimental« nehmen:

Er wird gegen Dich zu sein fortfahren, wie er gegen mich und die meisten Menschen, die er nicht für ganz schlecht hält, ist, das heißt voller allgemeiner Menschenliebe.

Und dann jener letzte Brief, in dem er verspricht, er könne nun den 28. oder aber jedenfalls den 29. Juni abreisen nach Frankfurt.

Das Haus ist gleich schwer zu bestimmen. Oft findet man besetzt, worauf man rechnet.
Schreib Du nur, ob jenen Tag noch die alten Stunden zehn oder halb drei bleiben.
Bedenke auch, daß Clemens in Frankfurt ist und triff Anstalten gegen ihn. Was ich lange wußte, beweiset nun Dein heutiger Brief: Du kannst Dich nicht in mein bedingtes Leben hineindenken...laß

mich nur erst in Dein blaues Auge sehen, so wird sich auflösen, was Dich an mir befremdet... Adieu, liebe, liebe Peinigerin. Sorge nur, daß wir recht ungestört sind.

Was bei dem letzten Treffen zwischen Karoline und Creuzer, zu dem sie offenbar nach Frankfurt gekommen ist, um danach auch noch Lisette in Sickershausen kurz zu besuchen, vorfiel, bleibt im Dunkeln.
Mitte Juli, Karoline ist wieder in Winkel zu den Servière-Schwestern zurückgekehrt und wartet unruhig auf ein Lebenszeichen von Creuzer, tritt in Heidelberg eine Wende ein. Professor Schwarz schreibt darüber an Leonhard Creuzer in Marburg:

Heidelberg, den 18ten Juli 1806
Unser Creuzer ist tötlich krank. Aber freue Dich, es ist nicht eine Krankheit zum Tod, sondern zum Leben! Ich habe das feste Zutrauen, er wird auch leiblich genesen, geistig ist er es schon. Es mußte zu dieser Krise kommen... Vorigen Sonntag, den 13. Juli machte er mit Kaiser eine Reise nach Mannheim, er kam krank wieder, las dennoch zwei Tage Collegia, bis er vorgestern nicht mehr konnte, in eine gänzliche Erschöpfung und Schlafsucht verfiel...

Es folgen Angaben über die Behandlungsmethoden des Arztes. Dann fährt Schwarz fort:

Diesen Morgen ließ er mich rufen, noch ehe ich kam, und tat er dann mir die rührendste Erklärung... Er, Creuzer, entsagte feierlich seinen bisherigen Verhältnissen, und Daub mußte es übernehmen, dieses alsobald der G. zu schreiben. Seine Seele war vor Gott und wird göttlich zu leben zurückkehren.

Daub ist immerhin verständig genug, um die Nachricht von Creuzers Entschluß, seine Beziehung zu der von G. zu beenden, nicht direkt an Karoline, sondern an deren Freundin, Frau von Heyden, zu übermitteln. Diese schickt Daubs Brief nach Winkel, eingeschlossen in einem Brief an Charlotte Servière mit der Bitte, Karoline schonend vorzubereiten.

Aber:

...Karoline, die seit langer Zeit auf Briefe gewartet, eilte dem Boten entgegen, nahm ihm den an Charlotte Servière adressierten Brief ab, erbrach ihn auf ihrem Zimmer und las – ihr Todesurteil.

Der Rest der Geschichte ist bekannt, er braucht hier nur noch einmal, aus anderer Sicht, erinnert werden:

...Karoline kam bald wieder aus ihrem Zimmer heraus, nahm scheinbar ganz heiter von der Freundin Abschied zu einem kurzen Abendspaziergang am Rhein, kam aber nicht wieder. Man suchte auf ihrem Zimmer, fand dort den verhängnisvollen Brief erbrochen, suchte angstvoll nach der Vermißten und fand erst am Morgen ihre Leiche am Ufer des Rheins, von dem Dolch, den sie seit längerer Zeit bei sich zu tragen pflegte durchbohrt.

Creuzer gesundet langsam.

Als er mit seinen Vorlesungen wieder beginnt, erhält er von seinen Studenten viele Beweise herzlicher Teilnahme. Von Karolines Tod hört er erst Wochen später. Freilich ist er betroffen. Er scheut die Öffentlichkeit, wünscht, in Heidelberg pensioniert zu werden, will nach Weinheim übersiedeln oder in Marburg eine neue Tätigkeit ausüben. Aber solche Pläne, die er noch im Oktober 1806 mit seinem Vetter erörtert, werden schließlich nicht weiter verfolgt. Die Freunde übernehmen es, Karolines Briefe zu vernichten.
Mit Beginn des Wintersemesters steht Creuzer wieder vor seinen Studenten. Er wird sein Leben als angesehener Wissenschaftler beschließen.

Als Selbstmörderin kann Karoline von G. nicht auf dem Friedhof beigesetzt werden. Ein Gedenkstein an der Friedhofsmauer trägt als Inschrift einen Vers, den sie sich bei der Lektüre von Herders *Stimmen der Völker* exzerpiert hatte:

Erde, du meine Mutter, du mein Ernährer, der Lufthauch,
heiliges Feuer, mir Freund, und du, o Bruder der Bergstrom,
und mein Vater der Äther, ich sag euch allen mit Ehrfurcht
freundlichen Dank, mit euch hab' ich hienieden gelebt,
und ich gehe zur anderen Welt, euch gern verlassend;
lebt wohl denn, Bruder und Freund, Vater und Mutter, lebt wohl.

Am 10. August 1806 mobilisiert Preußen gegen Napoleon. Arnim, der dazu ausersehen ist, Taufpate des Kindes zu sein, das Sophie Brentano erwartet, versucht nach Heidelberg zu reisen, gerät aber nach der Schlacht von Jena bei Duderstadt unter versprengte Truppen. Mit verwundeten Soldaten im Wagen erreicht er am 18. Oktober Braunschweig. Von dort fährt er auf sein Gut in die Uckermark. Er wartet auf die Befehle seines Königs, erfährt aber vom Landrat, es sei nichts befohlen als Hafer zu dreschen. Er erlebt, wie der Krieg näherkommt.

Noch am Tag vor der Schlacht wurde in Prenzlau getanzt; und während bereits die Verwundeten hereinkamen und erzählten, wie es in der Umgegend draußen zuginge: man war in dem schlechtesten Fusel des abgetriebenen menschlichen Geistes lustig.

In Stettin war Arnim Zeuge, wie der feindliche Offizier und Trompeter in die Festung einritten und die Übergabe forderten: »Der Gouverneur übergab es ohne Widerstand, wurde von den Offizieren vom Pferd gerissen und ausgeprügelt.« Mit den Resten einzelner Regimenter, oft zwei Standarten bei drei Leuten, drängte sich Arnim den Damm zur Stadt hinaus.

Man zog durch die pommerschen Haiden in stetem grauen, tropfenden Regen. Die Städte waren angefüllt von Frauen, die nach ihren Männern schrien. Überall ein gänzliches Verzweifeln an dem Bestehen aller menschlichen Dinge...

Aus einem Totenbuch:

Im Jahre Christi 1806 starb in hiesiger Stadtpfarrei Heidelberg den 30. Oktober nachts 1 Uhr (gemeint ist der 31. morgens 1 Uhr) und wurde den Nachmittag 2 Uhr (auf dem St. Annenkirchhof) begraben: Frau Sophia Brentano geb. Schubart aus Altenburg in Sachsen, alt 33 (tatsächlich 36) Jahre. Krankheit: Im Wochenbett. Nebst einem totgeborenen Kind, einem Mädchen.

Friedrich Creuzer in einem Brief an seinen Vetter Leonhard am 31. Oktober:

...es ist ein ergreifender Anblick, eine Mutter hingestreckt zu sehen vom Tode mit ihrem Säugling, auf einem Bette, festlich geschmückt wie ein Brautbett. Ich verweilte gern bei der Leiche, da ihr Anblick ganz den Frieden des Todes zeigt. Sie ist sanft gestorben und ruht unentstellt und lieblich. Brentano aber ist fürchterlich in seinem Schmerz und fast einem Wahnsinnigen ähnlich. Man wird ihn morgen nach Frankfurt bringen.

Vor der Beisetzung Karoline von G.s hat man die Leiche der Selbstmörderin obduziert. Dazu Achim von Arnim:

Schauderhaft ist mir die Sektion des Arztes gewesen, der ihren Tod aus dem Rückenmark gelesen, so etwas ist doch nur zu sagen möglich bei dem versunkenen Zustand dieser Wissenschaft, zu der kein Arzt und kein Kranker zum Arzt mehr Zutrauen hat. Mit der weichen schwachen Hand solcher Gewalt, um einem drückenden Lebensverhältnisse zu entgehen, das wohl einem vereinsamten gereizten Gemüte im Augenblick unendlich hoffnungslos scheinen mochte, das ist mehr Lebenskraft, als der vortreffliche Arzt verstehen wird, wenn er auch hundert Jahre darüber würde.

Welch tiefe, in ihr Wesen und ihre menschliche Entwicklung einschneidende Wirkung der Tod der Freundin für Bettine gehabt hat, geht aus einem Brief an ihren späteren Mann, Achim von Arnim, hervor:

Ich werde Schmerz in meinem Leben mit mir führen, und er wird in vielen Dingen mit einwirken, es weiß keiner, wie nahe es mich angeht, wie viel ich dabei gewonnen und wie viel ich verloren habe. Ich habe Mut dabei gewonnen und Wahrheit, vieles zu ertragen und vieles zu erkennen.

Auch Achim von Arnim muß der Tod der Karoline von G. sehr betroffen haben. Noch in seinem Text *Melück Maria Blainville, die Hausprophetin aus Arabien* taucht eine Reflexion über die von G. auf:

...arme Sängerin, können die Deutschen unserer Zeit nichts, als das Schöne verschweigen, das Ausgezeichnete vergessen, entheiligen? Wo sind Deine Freunde? Keiner hat der Nachwelt die Spuren Deines Lebens und Deiner Begeisterung gesammelt.

Was die Überlebenden so beunruhigt, mag – wenigstens als Gedanke und Vorstellung – für Karoline selbst seinen Schrecken schon verloren gehabt zu haben. Häufig genug hatte sie sich mit dem Tod in ihrem Denken und ihrer Phantasie auseinandergesetzt:

Da war mir plötzlich in einer Offenbarung alles deutlich und wird es mir ewig bleiben. Zwar weiß ich, das Leben ist nur das Produkt der innigsten Berührung und Anziehung der Elemente; weiß, daß alle seine Blüten und Blätter, die wir Gedanken und Empfindungen nennen, verwelken müssen, wenn jene Berührung aufgelöst wird, und daß das einzelne Leben dem Gesetz der Sterblichkeit dahingegeben ist, aber so gewiß mir auch dieses ist, ebenso über allen Zweifel ist mir auch das andere, die Unsterblichkeit des Lebens im Ganzen, denn dieses Ganze ist eben das Leben, und es wogt auf und nieder in seinen Gliedern, den Elementen, und was es auch sei, das durch Auflösung (die wir zuweilen Tod nennen) zu denselben zurückgegangen ist, das vermischt sich mit ihnen nach Gesetzen der Verwandtschaft d.h. das Ähnliche zu dem Ähnlichen.
Aber anders sind diese Elemente geworden, nachdem sie einmal im Organismus zum Leben hinaufgetrieben gewesen, sind sie lebendiger geworden, wie zwei, die sich in langem Kampf übten, stärker sind, wenn er geendet hat, als ehe sie kämpften...

So gibt jeder Sterbende der Erde ein erhöhtes, entwickeltes Elementarleben zurück, welches sie in aufsteigenden Formen fortbildet; und der Organismus, indem er immer entwickeltere Elemente in sich aufnimmt, muß dadurch immer vollkommener und allgemeiner werden.

Nach einer Reise mit seinem Bruder Georg mildert sich bei Clemens Brentano der Schmerz über den Verlust von Sophie. Seine Schwester Meline meldet am 14. Juli 1807: »Clemens ist seit er von Holland zurück ist, ungemein lustig und artig. Mit der Auguste Bußmann unterhält er sich gerne, findet sie die gescheuteste Frau, die er je gesehen hat.« Und zehn Tage später: »Clemens ist wütend in die Auguste Bußmann verliebt, und sie auch in ihn, vergißt ihren Offizier. Dies gibt auch eine Geschichte.«
Auguste Bußmann, geboren zu Frankfurt am 1. Januar 1791, ist das einzige Kind von Johann Jakob Bußmann aus Colmar, dem Sozius des Bankiers Simon Moritz Bethmann, dessen Schwester Maria Elisabeth er 1790 heiratete. Nachdem er 1791 gestorben ist, heiratet sie 1797 den Genfer Vicomte Alexandre de Flavigny. Am 24. Juli 1807 geben die deutschen Fürsten im Frankfurter Palais Taxis Napoleon, der aus Tilsit zurückkommt, einen Empfang.
Was bei dieser Gelegenheit und kurz danach geschieht, spiegelt sich in einem Brief, den Clemens aus Kassel an Achim von Arnim schreibt, der sich zu dieser Zeit in Königsberg aufhält.

Oh mein lieber Bruder! Es ist so frischer, heller Sonnenschein vor mir auf dem Königsplatz! Könnte ich doch auf der Stelle zu Dir hinrollen! Dein Brief vom 8ten ist heute hier. Daß ich Dir bis jetzt nicht geschrieben, daran ist blos tiefer Verdruß und Scham über meine Lage schuld. Man könnt des Teufels werden! Ohne es selbst zu wollen, wider den Willen der ganzen Bethmännischen Familie, die mich noch verflucht, ohne daß ich es verdiene, nachdem ich das Mädchen fünfmal gesehen, die sich mit einem Adjudanten des Königs von Holland ein Jahr vorher ebenso gewaltsam versprochen, daß sie die Bewilligung der Eltern durch einen Fußfall vor der Königin auf dem Riedhof bewürke, in der ganzen Stadt bekannt als

dessen Braut, äußerlich ganz still, sanft und sinnig, ja tiefsinnig erscheinend, entsetzlich verständig sprechend, entschlossen wie ein Mann, jungfräulich schüchtern wie eine Nonne – wirft sich mir Auguste Bußmann mit erschrecklicher Gewalt, nach einigen poetischen Galanterien, die ich ihr von allen ihren Umständen unterrichtet gemacht hatte, an den Hals. Geängstet von ihren so öffentlichen Schritten zur Erlangung ihres vorigen Bräutigams ist sie wie eine Person, die in den Tod geht.
Ich stehe neben ihr im Taxischen Hof auf der Treppe, da Napoleon und die anderen Fürsten auf und ablaufen, in einer Nische mit Claudine und Bettine wie eine Bildsäulengruppe vor den Augen aller Frankfurter. Ihr Betragen ist so toll zärtlich und Aufsehen erregend, daß alles auf uns sieht; ich stehe wie am Pranger. Mit unaussprechlicher Angst und trauriger Empfindung war mir es nur eine dunkle Ahnung, daß die Arme, die mich öffentlich umschlangen, mir wirklich ein Halseisen werden könnten. Hier kömmt sie endlich ganz außer sich; sie sagt mir, daß sie versprochen sei, daß die Königin darein verwickelt sei; mit Mühe halte ich sie zurück, daß sie nicht Bonaparte gar zu Füßen fällt und meine arme Person in die Weltgeschichte hineinflicht. Alles ringsum flieht mich mit schrecklicher Trauer, ich bin meiner nicht mehr mächtig, die ganze Stadt redet von mir, und ich liebe eigentlich nicht, sondern ehre nur den Muth und entsetzlichen Charakter des Mädchens, der sich mit solcher Gewalt liebend zeigt. Und wie ich immer nur das Herrlichste glaube, scheint mir blos Liebe und herrlicher Enthusiasmus in einem durchaus scheuen, züchtigen Mädchen, was Fanatismus in einer eigensinnigen, von Jugend auf intriguanten, heimlichen, romanhaften Dame war. Ohne zu lieben, falle ich in eine Art von Fieber, das mich wie eine feurige Wolke umgiebt. Tief traurig besuche ich alle Winkelchen, wo ich mich bei der höchsten Wachsamkeit der Ihrigen mit der künftigen Hehlerei zu sehen weiß. Während sie aus Liebe zu vergehen droht, erfüllt mich Verachtung gegen solche Dinge. Ich gehe ruhig Nachts 1 Uhr zu Moritz auf den Riedhof, erzähle ihm im Bett die ganze Sache und begehre seinen Rath. Er ist freundlich, versichert mich, nichts gegen uns in der Sache zu thun, spricht weitläufig über die Intriguen und den Charakter dieses seltsamen Geschöpfs; ich verspreche ihm, zu Dir zu reisen und der Zeit die Bewährung dieses Verhältnisses zu überlassen. Ich bin von seiner Freundlichkeit recht gerührt, er erzählt mir seinen ganzen Lebenslauf, und wir scheiden uns augenscheinlich viel näher. Nun

dachte ich zu Dir zu reisen, ach Gott, immer auf dem Weg zu Dir packt mich das Schicksal!
Aber Moritz war nur freundlich, mich auszulocken. Auguste dringt nun trotz aller Hindernisse mit Gewalt auf mich ein, sie macht mir Vorwürfe. Sie spricht man sei auf dem Punkt, sie ins Kloster zu sperren. Man stößt ihr die größten Schändlichkeiten gegen mich ins Gesicht, und nachdem ich mich stets gewehrt und immer den Weg der Ausdauer vorgeschlagen, läßt sie mich plötzlich durch eine Magd bescheiden, abends um 10 Uhr bei Tisch auf den Paradeplatz an ihr Haus zu kommen. Ich gehe hin, wie ich stehe und gehe, und siehe! das siebzehnjährige Mädchen mit dem Bündelchen unter dem Arm, lauft mit mir, dem es ganz ordinair dabei zu Muthe wird, dem Thor hinaus. Christian der bei mir war, bestellt eine Postchaise, die uns einholt. So fliehen wir nach Cassel zu Jordis, den ich mit Lulu zu Frankfurt am Tische hatte sitzen lassen.
Nach vielen Drohungen und leeren Impertinenzen, nachdem die ganze dummstolze Familie mich, der sie so oft durch seine Verachtung geneckt, nun alles hatte empfinden lassen, geschimpft und gehudelt, ein Lump Vagabund genannt, durch die Ängstlichkeit meiner Brüder, mit denen Bethmanns brechen wollen, auch von den Meinigen verschmäht, zugleich täglich mehr und mit bitterm Kummer entdeckend, daß ich ein ganz anders Geschöpf entführt hatte oder vielmehr von ihm entführt worden, als welches mich einigermaßen interessirte, und alle die starken Handlungen, die ich dem Heldenmuth und der liebenden Gewalt zuschrieb, aus ungewöhnlichem gewöhnlichem Starrsinn entsprungen sehend, im Wesen ohne alle ideale Natur verwöhnt, plump, heftig mit Entschlossenheit, ohne Reiz des Leibes und der Seele neben mir – so war ich zwar noch unkopulirt, doch honoris causa dafür erklärt, innerlich aber schon getrennt.
Endlich ward ich unter der größten Verfluchung der Familie, mit ihren Consensen versehen und förmlich in Frankfurt aufgerufen und in Fritzlar, sieben Stunden von hier, im Beisein von Jordis und Lulu, wie die Familie begehrte, von einem katholischen Priester, nachdem ich ihm gebeichtet und communizirt, getraut.
Die ganze Handlung war so läppisch, so elend, die Kirche schien über mir einzustürzen, und eine innere Trauer vernichtete mich, daß ich ohne Würde, ohne Rührung drei Sakramente empfing, Gott verzeihe mir meine Schuld. Nun bin ich verheurathet. Die Familie Bethmann dringt in mich, einen Stand zu ergreifen, sie will mich

rekommandiren*, aber ich kann nicht und will nicht! Das wäre noch die letzte Höhe! So halte ich es doch in meiner Bibliothek aus und denke an Sophie und Dich und weine, liebe und lese...

Nicht ohne Ironie ist es, daß Clemens Brentano, der Sophie Mereau zur Eheschließung nötigte, indem er ihr ein Kind machte, nun durch ein nymphomanisches Mädchen in die Ehefalle gelockt wird.
Zu welchen Katastrophen es in dieser zweiten Ehe in der bayrischen Kleinstadt Landshut kommt, wohin Clemens seinem Freund Savigny, der an der dortigen Universität einen Lehrstuhl bekommen hat, folgt, schildert ein Brief an Achim von Arnim. Die ihm angetraute Auguste hatte Clemens nach Landshut nachkommen lassen:

Da nun meine Dame bloß für die Langweile plötzlich Gift eingenommen haben wollte, zu sterben vorgab, keine Gegenmittel einnehmen wollte, und in meiner, Savignys, Gundel und der Ärzte Gegenwart mit verstelltem Kotzen, Testamentmachen ec. einen ganzen Tag zubrachte, sich aber sehr wohl befand, reiste ich den andern Tag nach München mich bei Bettinen zu erholen, kaum war ich zwei Tage dort, als mir Savigny einen Freund extrapost schickte, der Morgen mich um 7 Uhr aus dem Schlaf rief. »Auf! machen Sie sich fort, Ihre Frau ist heute Nacht hierhergereist, und vor einer Stunde gekommen, sie hat in Landshut verkündigt, daß sie sich im Wirtshaus in Ihrer Gegenwart vergiften wollte.«
Ich zog mich schnell an, raffte nur meine Papiere zusammen, und eilte zu Bettinen, und darauf mit dem Boten (es ist der Poet Löw) extra nach Landshut zurück. Auf der Straße in München mußte ich zweimal meiner Dame ausweichen, die aus einer Apotheke in die andere lief. In Landshut blieb ich incognito die Nacht und logierte bei Löw im Gebährhaus. Savigny und ein anderer trefflicher Freund mittelten mir eine heimliche Zuflucht im Gebirg zwei Stunden von Landshut sehr einsam und abgelegen bei einem Ex-Benediktiner aus, der auf einem adligen Geschlößl, das so groß ist wie eine Laterne wohnt. Ich lebe hier unter dem Namen Bennone, welches ein Mann des Schmerzes heißen soll, wie mir mein Taufpathe gesagt.

* empfehlen

Clemens flieht vor Auguste zu Freund Achim nach Berlin. 1812 wird die Ehe endlich geschieden.

Zwei Jahre nach Karolines Tod schreibt Bettine aus Winkel dies:

Am Abend spazieren wir an den Ufern des Rheines entlang, da lagern wir uns auf dem Zimmerplatz, ich lese den Homer vor. Die Bauern kommen alle heran und hören zu: der Mond steigt zwischen den Bergen herauf und leuchtet statt der Sonne. Wenn wir nach Hause kommen, so steigt einer nach dem anderen, wenn er müde ist, zu Bett. Ich sitze dann noch am Klavier, und da fallen mir Melodien ein, auf denen ich die Lieder, die mir lieb sind, zum Himmel trage.

Bettine und Achim von Arnim: das ist das Glück zweier Schwieriger. Es dauert lange und bedarf vieler Anziehungen und Abstoßungen, Aussprachen, Entfernungen und Wiederbegegnungen, bis die beiden beschließen zu heiraten.
Sowohl bei Achim als auch bei Bettine hat es in den neun ereignisreichen Jahren ihrer Freundschaft und Liebe intensive Beziehungen mit anderen Partnern gegeben, die sie einander nicht verschwiegen, sondern mit großer Offenheit dargelegt haben. Daß dabei manchmal auf dieser wie auf jener Seite der Versuch eine Rolle gespielt hat, den anderen zu einer endgültigen Bindung zu drängen, ist anzunehmen.
Besonders wichtig war für Bettine die Beziehung zu Goethe. Man muß nicht alles, was sie über sich selbst und den alten Herrn schreibt, für bare Münze nehmen. Trotzdem: diese Begegnung hat sie entscheidend geprägt.
Bezeichnenderweise verlangt Bettine von Achim von Arnim, als dieser sie drängte, ihn zu heiraten, bei ihrer Zusage nur dieses eine: er dürfe nie eifersüchtig auf Goethe sein. Und der Brief, mit dem Bettine Goethe ihre Verlobung mitteilt, endet mit dem Satz:

Du einziger, der mir den Tod bitter macht... Adieu Magnetberg! wollt ich auch da und dorthin die Fahrt lenken, an Dir würden alle Schiffe scheitern.

Gewarnt durch Beobachtungen und Erfahrungen in ihrem engsten Freundeskreis, hat sich Bettine lange gegen eine Heirat gesträubt.

Am 10. März 1811 lassen sich Achim und Bettine in Berlin heimlich trauen...
Im Sommer 1814 hält sich Goethe im Haus der Brentanos in Winkel auf. Von dem Kabinett im ersten Stock mit den Fenstern nach Süden und Westen sieht man den Fluß hinter Weingärten. Goethe ist fünfundsechzig Jahre alt. Er hat kurz zuvor die dreißigjährige Demoiselle Jung, Tochter einer Schauspielerin und Pflegekind des Bankier Willemer kennengelernt – Marianne. Der alte Herr wird ihr am 22. Dezember 1820 einen schön umrandeten Briefbogen senden, auf dem nur dies steht:

Du! Schweige künftig
nicht so lange,
Tritt freundlich oft
zu mir herein;
Und soll bey jedem
frommen Sange
Dir Glänzendes zur
Seite sein.

In diesem Sommer aber hält Jupiter sich noch zurück, denn eben hat Willemer, Senator, zweimaliger Witwer, Finanzagent der preußischen Regierung und Geheimrat, seinen Schützling, den er einst für 200 Gulden der Mutter einfach abkaufte, geehelicht.
Goethe, wohl schon entflammt, aber sich zur Vorsicht ratend, genießt in Winkel den Ausblick auf den Rhein und den Wein. Dabei notiert er:

Man zeigte mir am Rheine zwischen einem Weidendickicht den Ort, wo Fräulein von G. sich entleibte. Die Erzählung dieser Katastrophe an Ort und Stelle, von Personen, welche in der Nähe gewesen und teilgenommen, gab das unangenehme Gefühl, was ein tragisch Lokal jederzeit erregt...

Folgende Bücher habe ich als Quellen benutzt:

Reklame für Simone W.

Angelica Krogmann, Simone Weil, Reinbek 1970
Simone Weil, Fabriktagebuch und andere Schriften zum Industriesystem, aus dem Französischen übersetzt und mit einer Einleitung versehen von Heinz Abosch, Frankfurt/Main 1978
Simone Weil, Unterdrückung und Freiheit, Politische Schriften, aus dem Französischen übersetzt und mit einem Vorwort von Heinz Abosch, München 1975

Die Ehefrau eines Schwarzen Panthers

Isabel Burton, A. E. I. (Arabia, Egypt, India). London, W. Mullan, 1879
Isabel Burton, The Inner Life of Syria, Palestine and the Holy Land, London, H. S. King, 1875
Isabel Burton, The Life of Captain Sir Richard Burton, London, Chapman & Hall, 1893
Jean Burton, Sir Richard Burton's Wife, London, Harrap, 1942
Michael Hastings, Sir Richard Burton, London 1978
The Romance of Isabel Lady Burton, The Story of Her Life, told by W. H. Wilkins, Hutchinson & Co., London 1897

Das kurze Leben der Karoline von G.

Achim und Bettina in ihren Briefen, mit einer Einleitung von Rudolf Alexander Schröder, Frankfurt/Main 1961
Briefwechsel zwischen Clemens Brentano und Sophie Mereau, herausgegeben von Heinz Amelung, Potsdam 1939
Gisela Dischner, Bettina von Arnim, Eine weibliche Sozialbiographie aus dem 19. Jahrhundert, Berlin 1977
Ingeborg Drewitz, Bettina von Arnim, Düsseldorf 1969
Richard Friedenthal, Goethe – Sein Leben und seine Zeit, München 1963
Ludwig Geiger, Achim von Arnim und die ihm nahe standen, 3 Bde., herausgegeben von Reinhold Steig und Herman Grimm, Stuttgart und Berlin 1894, 1904, 1913
Jahrbücher des Freien Deutschen Hochstifts 1962 und 1964. Darin: Max Preitz, Karoline von Günderrode in ihrer Umwelt, I. Briefe von Lisette und Christian Gottfried Nees von Esenbeck, Karoline von Günderrode, Friedrich Creuzer, Clemens Brentano und Susanne von Heyden; II. Karoline von Günderrodes Briefwechsel mit Friedrich Karl und Gunda von Savigny
Jahrbuch des Freien Deutschen Hochstifts 1965: Doris Hopp-Max Preis, Karoline von Günderrodes Studienbuch
Bettina von Arnim, Werke und Briefe, herausgegeben von Gustav Konrad, Frechen/Köln 1959
Werner Milch, Die junge Bettine, 1785–1811, Heidelberg 1968
Karl Preisendanz, Die Liebe der Günderrode, München 1912
Friedrich Creuzer und Karoline von Günderrode, herausgegeben von Erwin Rodde, Heidelberg 1896
Willhelm Schellberg und Friedrich Fuchs, Die Andacht zum Menschenbild, Unbekannte Briefe von Bettine Brentano, Jena 1942
Briefe deutscher Frauen, herausgegeben von Fedor von Zobeltitz, Berlin – Wien 1910

Der Verfasser dankt dem Archiv des „Spiegel“ für die freundliche Überlassung von Materialien über Leben und Werk von Simone Weil. Er dankt Cornelia Krutz-Arnold für ihre engagierte Lektoratsarbeit und Elinor Kirsch für ihre Anregungen.

Frederik Hetmann
Nomborn/Westerwald 1977/1979